문해력이 자라면 사회성도 자란다

읽는 힘, 소통하는 힘

심현미 저

학지사

머리말

20여 년 동안 수많은 아이를 가르치며, 그들의 성장 과정을 지켜보았습니다. 그 경험을 통해 제가 가장 깊이 깨달은 것은, 상황을 올바르게 인식하고 이해하는 능력이 아이들의 삶에 결정적인 영향을 미친다는 사실이었습니다. 상황을 제대로 이해하지 못하면 아이들은 종종 혼란에 빠지며, 두려움, 분노, 불안, 무기력 등의 부정적인 감정에 휩싸이게 됩니다. 반면, 상황을 명확히 파악하고 감정을 조절할 수 있을 때, 아이들은 침착하게 문제를 바라보고, 타인과 건강한 관계를 형성해 나갈 수 있습니다. 이러한 사회적 성장을 위해서는 문해력, 즉 글을 읽고 이해하며 자신의 생각을 표현하는 능력이 튼튼하게 자리 잡아야 합니다. 문해력은 단순한 언어 능력이 아니라, 학습과 관계의 기초가 되는 힘입니다. 특히 학령기 아동에게 문해력은 모든 교과 학습의 바탕이 되며, 타인을 이해하고 세상과 소통하는 창구이기도 합니다. 이 교재는 바로 그런 고민과 필요에서 출발했습니다. 아이들이 글을 통해 세상을 이해하고, 그 안에서 자신을 표현하며, 더불어 살아가는 힘을 기를 수 있도록 돕고자 이 교재를 만들게 되었습니다. 아이들이 일상 속 실제 상황을 마주하며 스스로 사고하고 판단하는 연습을 할 수 있도록, 이야기 구성 또한 비현실적인 설정은 지양하고 현실적인 갈등 상황을 중심으로 구성했습니다. 정답을 강요하거나 도덕적 판단을 유도하기보다, 문제를 스스로 바라보는 눈을 키울 수 있도록 하는 데 집중했습니다.

이 교재가 아이들의 문해력과 사회성을 함께 길러 주는 든든한 디딤돌이 되기를 바랍니다. 아이들이 세상을 이해하고, 사람들과 따뜻하게 소통하며 건강하게 성장해 가기를 진심으로 응원합니다.

교재 구성과 활용 방법

이 교재는 학령기 아동의 문해력과 사회성을 함께 기를 수 있도록 설계된 교육 자료입니다. 문해력이란 단순히 글을 읽는 것을 넘어, 글의 의미를 깊이 이해하고 자신의 생각을 정리해 표현하는 능력입니다. 사회성이란 상황을 인식하고 감정을 조절하며, 타인과 원활한 관계를 맺는 능력입니다. 이 두 능력은 학습뿐 아니라 건강한 사회적 관계를 형성하는 데에도 꼭 필요한 기반입니다.

• 교재 구성 안내

이 교재는 총 4권으로 구성되어 있으며, 각 권은 아이들의 이해력과 사고력을 점진적으로 향상시킬 수 있도록 단계별로 설계되었습니다.

–1권 열어 보기: 35편의 짧은 글을 읽고, 중심 낱말을 찾으며 내용을 이해하는 연습

–2권 발견하기: 30편의 더 긴 글과 복잡한 상황을 다루며, 인물의 입장과 사건의 흐름을 파악하는 연습

–3권 탐색하기: 35편의 짧은 이야기로 요약하는 방법과 논리적인 정리를 연습

–4권 이해하기: 앞서 배운 기술을 종합하여, 글의 상황을 정확히 파악하고 자신의 언어로 요약하는 연습

• 공통 학습 활동

–중심 낱말을 찾아 제목을 직접 만들어 보기

–문맥 속에서 어휘를 익히고 활용하기

–글의 흐름과 구조 파악

–자신의 경험과 연결해 생각 넓히기

–다양한 관점 수용과 공감 능력 키우기

• 활용 방법

–이 교재는 특정 연령대에 제한되지 않으며, 학령기 아동이라면 누구나 사용할 수 있습니다.

–1권부터 아이의 수준에 맞게 시작하되, 이해력과 참여도가 높아지면 다음 단계로 넘어가세요.

–교사는 질문 중심의 대화를 통해 아이가 스스로 사고하고 감정을 조절할 수 있도록 돕는 것이 핵심입니다.

–줄거리를 이야기하며 실제 경험과 연결시켜 보거나, 등장인물의 입장에서 생각해 보게 하는 활동은 사고력과 공감 능력을 자연스럽게 키워 줍니다.

생각을 이끌어 내는 지도 방법

이 방법은 아동이 글을 정확히 이해하고, 핵심 내용을 파악하며, 자신의 생각을 정리하고 표현하는 능력을 기를 수 있도록 돕습니다. 다음의 단계에 따라 차근차근 진행해 주세요.

- 1단계: 함께 읽기

1. 아동과 함께 마침표를 기준으로 문장을 나누어 번갈아 읽습니다.
2. 글 전체를 다 읽은 후에는 순서를 바꿔 다시 한번 번갈아 읽습니다.
3. 아동과 함께 한 목소리로 읽어 봅니다. (필요에 따라 생략 가능합니다.)
4. 아동 혼자 읽도록 합니다. (소리 내어 읽기 또는 눈으로 조용히 읽기 중 아동에게 맞는 방법을 선택하세요.)

- 2단계: 글의 중심 파악하기

5. 아동에게 연필을 주고 이름과 날짜를 쓰게 합니다.
6. 아동이 글에서 가장 중요한 낱말(중심 낱말) 3개를 고르도록 합니다.
7. 아동 스스로 글에 어울리는 제목을 지어 보게 합니다.
8. 연필을 받아 둡니다.
9. 선택한 낱말이 왜 중요한지 아동에게 말해 보도록 합니다.
10. 제목을 왜 그렇게 지었는지도 말해 보게 합니다.
11. 교사는 자신의 생각도 나누어 줍니다. (아동의 생각과 같을 수도, 다를 수도 있습니다.)
12. 중심 낱말과 제목을 다시 함께 읽습니다.

• 3단계: 이해 확인하기

13. 연필과 지우개를 주고 문제를 풀게 합니다. 정답이 하나일 수도 있고, 두 개 이상일 수도 있습니다. 아동이 문맥과 상황을 고려하여 가장 적절하다고 생각하는 한 가지 답을 선택하도록 지도해 주세요. 어려워할 경우, 글을 다시 읽을 기회를 최대 두 번 더 줍니다. (미리 두 번의 기회가 있다는 것을 알려 줍니다.)
    ※ 이때 문제지는 잠시 치워 주세요. 글과 문제를 동시에 보지 않도록 합니다.
14. 모든 문제를 푼 뒤, 다시 연필을 받아 둡니다.
15. 각 문제에 대해 '왜 그렇게 생각했는지' 또는 '어떻게 알았는지' 말해 보도록 합니다.
16. 글 전체를 다시 한번 훑어보게 합니다.

• 4단계: 말하기와 생각 나누기

17. 아동이 글의 내용을 요약해서 말하도록 합니다. (가능하면 영상으로 기록해 두세요.)
18. 사실에 근거해 이야기하게 지도합니다. 내용에 없는 추측이나 짐작은 멈추게 하고, 그것이 틀렸음을 알려 준 후 다시 말하게 합니다.
19. 마지막으로 아동의 생각이나 느낌을 자유롭게 말하도록 유도합니다.
20. 글의 내용을 잘 이해하고 표현한 아동에게 아낌없이 칭찬합니다.

차례

- 머리말 _ 3
- 교재 구성과 활용 방법 _ 5
- 생각을 이끌어 내는 지도 방법 _ 7

탐색하기 목차 ••• 11

학습 목표 ••• 15

아이와 마주 앉기 전에 ••• 17

교육 활동 영역 ••• 19

숨은 뜻 찾기 ••• 21

생각을 여는 지도 Tip ••• 23

그림 탐색하기 ••• 25

활동지

- 탐색하기 1 _ 29
- 탐색하기 2 _ 33
- 탐색하기 3 _ 37
- 탐색하기 4 _ 41
- 탐색하기 5 _ 45
- 탐색하기 6 _ 49
- 탐색하기 7 _ 53
- 탐색하기 8 _ 57
- 탐색하기 9 _ 61
- 탐색하기 10 _ 65
- 탐색하기 11 _ 69
- 탐색하기 12 _ 73
- 탐색하기 13 _ 77
- 탐색하기 14 _ 81
- 탐색하기 15 _ 85
- 탐색하기 16 _ 89
- 탐색하기 17 _ 93
- 탐색하기 18 _ 97
- 탐색하기 19 _ 101
- 탐색하기 20 _ 105
- 탐색하기 21 _ 109
- 탐색하기 22 _ 113
- 탐색하기 23 _ 117
- 탐색하기 24 _ 121
- 탐색하기 25 _ 125
- 탐색하기 26 _ 129
- 탐색하기 27 _ 133
- 탐색하기 28 _ 137
- 탐색하기 29 _ 141
- 탐색하기 30 _ 145
- 탐색하기 31 _ 149
- 탐색하기 32 _ 153
- 탐색하기 33 _ 157
- 탐색하기 34 _ 161
- 탐색하기 35 _ 165

정답 ••• 169

탐색하기 목차

다음 빈칸에 직접 제목을 써 보세요!

1. ____________________

2. ____________________

3. ____________________

4. ____________________

5. ____________________

6. ____________________

7. ____________________

8. ____________________

9. ____________________

10. ____________________

탐색하기 목차

다음 빈칸에 직접 제목을 써 보세요!

11. ______________________

12. ______________________

13. ______________________

14. ______________________

15. ______________________

16. ______________________

17. ______________________

18. ______________________

19. ______________________

20. ______________________

탐색하기 목차

다음 빈칸에 직접 제목을 써 보세요!

21. ______________________________

22. ______________________________

23. ______________________________

24. ______________________________

25. ______________________________

26. ______________________________

27. ______________________________

28. ______________________________

29. ______________________________

30. ______________________________

탐색하기 목차

다음 빈칸에 직접 제목을 써 보세요!

31. ____________________

32. ____________________

33. ____________________

34. ____________________

35. ____________________

멋진 목차를 완성했네요! ☺

학습 목표

'탐색하기'에서는 그동안 익힌 중심 낱말 찾기와 문해력을 바탕으로, 요약을 배우는 과정입니다. 요약은 단순히 내용을 축소하는 것이 아니라, 글의 핵심 메시지를 선별하고, 그것을 간결하고 명확한 언어로 표현하는 능력을 요구합니다. 탐색하기에서는 글의 길이가 이전보다 짧지만, 내용의 핵심이 명확하고 주제가 뚜렷합니다. 이렇게 글이 짧아진 이유는, 요약을 배우기 위해 더 간결하고 중요한 내용이 담긴 글을 통해 핵심을 잡아내는 연습을 하도록 하기 위함입니다. 이 과정을 통해 비판적 사고와 문해력도 자연스럽게 향상됩니다.

탐색하기에서는 또한 자신의 생각과 다른 사람의 관점에 대해 더 다양하게 이해하는 능력을 키웁니다. 탐색하기의 글과 대화는 핵심적인 감정선과 주요 주제를 강조하는 방식으로, 아동은 자신이 읽은 글과 자신의 경험을 연결 지어 이야기하는 방법을 배웁니다. 예를 들어, 글 속에서 등장하는 사건이나 감정에 대해, 자신이 겪었던 유사한 경험이나 감정을 토대로 의견을 제시하거나 느낀 점을 말하는 방법을 익힙니다. 이를 통해 아동은 글을 자신의 삶과 연결 지으며, 자기 주도적인 사고를 발전시킬 수 있습니다. 특히, 아동이 관찰자가 아닌 주인공의 입장에서 글을 읽고, 그 속에서 자신의 감정이나 생각, 의견을 적극적으로 표현합니다.

3권을 마친 후, 아동은 자신의 경험과 다른 사람의 관점을 반영하여 다양하게 표현하는 능력을 갖추게 되며, 자신의 생각을 명확하게 전달하는 능력을 향상시킬 것입니다.

아이와 마주 앉기 전에

『문해력이 자라면 사회성도 자란다』의 각 이야기에는, 수업을 맡은 교사 또는 보호자가 수업 전에 읽고 수업 흐름을 이해할 수 있도록 세 가지 요소가 함께 구성되어 있습니다.

- 이 교재에 수록된 각 이야기는 아이들이 일상에서 자주 마주하는 상황을 바탕으로 구성되어 있으며, 정서적 성장과 사회성 발달을 돕기 위한 다양한 교육 활동 영역이 반영되어 있습니다. 총 15개의 활동 영역은 가족 관계, 또래 관계, 정서 조절, 공감 능력, 기본 생활 습관 등 아이의 발달 단계에 꼭 필요한 요소들로 구성되어 있습니다. 교사는 이를 바탕으로 아이의 반응을 세심하게 관찰하고 발달 수준에 맞춘 교육적 개입을 할 수 있으며, 가정에서도 자녀의 일상 행동을 이해하고 지도하는 데 실질적인 도움을 받을 수 있습니다. 또한 각 이야기 위에는 관련된 교육 활동 영역이 명시되어 있어, 주제별로 내용을 쉽게 참고하고 활용할 수 있도록 구성하였습니다.

- '숨은 뜻 찾기'는 언어를 입체적으로 이해하는 능력을 통해 이야기 속 인물의 말과 행동 이면에 담긴 의도와 감정, 태도를 추론하는 활동입니다. 즉, 겉으로 드러난 표현이 아닌 간접 표현과 맥락 속 의미를 해석하며 사회적 단서와 관계 흐름을 파악하도록 돕습니다. 따라서 '숨은 뜻 찾기'는 문해력과 더불어 해석적 사고력, 공감 능력, 어휘 확장력을 함께 기르는 고차 사고 중심의 언어 학습 활동입니다.

- '생각을 여는 지도 Tip'은 이야기 속 인물의 정서와 상황에 대한 인지적 · 정의적 이해를 바탕으로, 아동의 사고 확장과 자기 표현의 향상을 위한 교육적 안내입니다.

단순한 내용 확인이 아니라, 감정 해석, 동기 추론, 가치 판단 등의 사고 과정을 유도함으로써 아동의 고차 인지 능력과 정서적 공감 능력을 함께 발달시킬 수 있도록 구성되었습니다. 교사나 보호자는 대화를 통해 아동의 반응을 이끌어 내고, 이를 바탕으로 사고의 깊이와 표현의 폭을 확장할 수 있습니다. 이는 자기 감정 인식, 타인 이해, 사회적 상호작용 기술 등 사회정서학습(SEL)의 기초 역량을 기르는 데 효과적으로 작용합니다.

교육 활동 영역

각 이야기에는 다음과 같은 교육 활동 영역이 반영되어 있으며, 영역별로 아이들의 감정 표현, 또래 관계, 가족 간 상호작용, 문제 해결력 등을 자연스럽게 키워 갈 수 있도록 구성하였습니다.

교육 활동 영역 목록

교육 활동 영역	해당 이야기 번호
가족 관계	2, 6, 12, 13, 17, 18, 23, 34, 35
결과 예측	5
공감 능력	1, 2, 4, 6, 7, 8, 9, 11, 23, 24, 25, 26, 32, 33, 35
기본 생활 습관	5, 14, 19, 31
또래 관계	1, 3, 4, 10, 25, 28, 29, 30
모델링	21
문제 해결	4, 7, 8, 13, 14, 15, 16, 20, 22, 24, 27, 29, 31, 34
사회성 발달	1
사회 규칙	3, 9, 11, 15, 21, 24, 27, 30, 32
의사소통	6, 15, 17, 19, 29, 30, 33
인지 발달	18
자기 조절 능력	14, 22, 31, 33
자기 효능감	16
자아 존중감	10, 12, 20, 26, 28
자연 탐구	2
정서 조절	3, 4, 5, 7, 8, 9, 10, 11, 12, 13, 16, 17, 18, 19, 20, 21, 22, 23, 25, 26, 27, 28, 32, 34, 35

숨은 뜻 찾기

'숨은 뜻 찾기'는 아이들이 이야기 속 인물의 말과 행동을 따라가며, 말 너머의 숨은 의미를 추론하고 해석하는 과정을 통해 문해력을 자연스럽게 길러 가도록 구성되어 있습니다.

● 기본 언어 학습

이야기 속에서 아이들이 낯설게 느낄 수 있는 어휘를 중심으로, 간결하고 쉬운 풀이를 제공합니다. 단어의 사전적 의미를 넘어 실제 문맥 속에서 어떻게 쓰였는지를 함께 이해함으로써, 어휘력과 문해력을 함께 성장시킬 수 있습니다.

● 표현 익히기

이야기 속 인물들의 실제 대화를 통해, 아이들이 생활 속에서 자주 접하게 되는 감정 표현 방식을 익힙니다. 표현의 의미뿐 아니라 문장의 구조와 담긴 의도까지 함께 분석함으로써, 언어이해와 소통 능력을 균형 있게 키울 수 있습니다.

● 속담

속담은 일상의 경험과 삶의 지혜를 압축한 언어로 이야기 속 상황과 자연스럽게 연결됩니다. 아이들은 속담을 통해 비유적 사고를 기르고, 사회적 맥락을 유연하게 해석하는 능력을 키워 나갈 수 있습니다.

● 관용어

관용어는 단어의 겉 뜻만으로는 의미를 알기 어려운 표현입니다. 이야기 속 인물들의 대화를 통해 아이들은 관용어를 쉽고 자연스럽게 익히게 됩니다. 이를 통해 더 세심하게 듣고, 더 풍부하게 말하는 언어 감각을 키울 수 있으며, 이는 표현력 발달의 밑바탕이 됩니다.

● 명언

짧은 문장 속에 담긴 명언은, 아이들이 삶을 바라보는 시야를 넓히고 감정과 생각을 깊이 있게 성찰할 수 있도록 도와주는 말입니다. 이야기와 연결되는 명언을 제시함으로써, 아이들이 상황 속 감정과 태도를 돌아보고, 스스로 질문하며 생각하는 힘을 기를 수 있도록 구성했습니다.

※ 이야기의 전개와 자연스럽게 연결되는 경우에 한해 선별적으로 제시하였습니다.

생각을 여는 지도 Tip

'생각을 여는 지도 Tip'은 각 이야기의 상황과 인물의 감정을 중심으로, 아이와 나눌 수 있는 대화의 방향을 제시합니다. 단순한 내용 이해를 넘어 감정 공감, 상황 추론, 생활 습관 등과 연결된 이야기를 통해, 아이의 사고력과 표현력을 함께 키울 수 있도록 돕습니다.

질문이나 화제 제안은 일상 속 자연스러운 대화 형태로 구성되어 있어, 가정이나 교실에서 부담 없이 활용할 수 있습니다. 특히 수업 도입, 감정 정리, 경험 나누기 등 다양한 교육 장면에서 효과적이며, 아이가 자기 감정을 인식하고 타인의 입장을 이해하는 연습으로 이어집니다.

부모나 교사가 아이의 말에 귀 기울이고 함께 생각을 나누는 시간은 표현력뿐 아니라 정서적 안정감과 사회성 발달에 큰 도움이 됩니다.

그림 탐색하기

'그림 탐색하기'는 수업 전 아이가 그림을 보며 상황을 유추하고, 인물의 감정을 짐작해 보는 활동입니다. 교사나 보호자가 아이와 함께 그림을 살펴보며 짧게 이야기 나누는 시간이, 본격적인 수업으로 자연스럽게 이어질 수 있는 연결 고리가 되어 줍니다. 예를 들어, 그림을 보며 "여기는 어디일까?" "무엇을 보고 놀이터라고 생각했니?" "왜 날씨가 추워 보일까?" "그럼 너는 더운 날씨랑 추운 날씨 중 어떤 걸 더 좋아해?"와 같이 짧고 열린 질문을 던질 수 있습니다. 아이는 스스로 생각하고 말하면서 그림 속 상황을 자기 경험과 연결하게 됩니다. 이 과정은 아이의 사고력과 감정 표현 능력을 끌어내고, 동시에 수업 주제에 대한 관심과 몰입도를 높여 줍니다. 무엇보다 중요한 것은, 정답을 유도하기보다 아이의 말에 귀 기울이며 함께 공감하는 태도입니다. 다만, 그림을 보며 나누는 대화가 지나치게 길어지거나 주제에서 멀어지지 않도록 주의해 주세요. 수업으로 자연스럽게 이어질 수 있도록, 대화는 짧고 간결하게 이끄는 것이 좋습니다.

'그림 탐색하기'는 아이의 관심을 열고, 수업에 집중할 수 있는 준비 시간을 마련해 줍니다. 짧은 순간이지만, 아이의 마음을 열고 이야기의 문을 두드리는 중요한 출발점이 될 수 있습니다.

활동지

탐색하기 1

교육 활동 영역

• 또래 관계

시우와 나연이는 자연스럽게 인사하고 함께 그네를 타며 긍정적인 관계를 형성합니다. 서로를 반갑게 맞이하고 같은 공간을 공유하며 친밀감을 쌓아 가는 모습을 보여 줍니다. 또래와의 일상적인 상호작용은 안정적인 관계를 유지하고 발전시키는 데 도움이 됩니다.

• 공감 능력

시우는 나연이 혼자 있는 상황에 자연스럽게 다가가 함께 시간을 보냅니다. 말이나 행동으로 나연이의 감정을 존중하고 배려하는 태도가 엿보입니다. 상대의 기분을 고려하며 부드럽게 어울리는 경험은 공감 능력을 키우는 데 기여합니다.

• 사회성 발달

자연스럽게 인사하고 함께 놀이하는 장면은 또래와의 긍정적인 사회적 상호작용을 보여 줍니다. 놀이를 통해 다른 사람과 어울리고 협력하는 기본적인 사회적 기술을 익히게 됩니다. 또래와의 일상적인 관계 맺기를 통해 사회적 규칙과 예절을 배우고 실천할 수 있습니다.

숨은 뜻 찾기

✕ 속담

▶ 구름 갈 제 비가 간다: 긴밀한 관계에 있는 둘을 비유적으로 이르는 말로, 혼자 그네를 타던 나연이 곁에 시우가 다가와 함께 그네를 타는 모습과 연결된다.

▶ 친구 따라 강남 간다: 친한 친구를 따라다니다 보면 자연스럽게 함께하게 된다는 뜻으로, 시우가 별다른 말 없이도 나연이 옆에 자연스럽게 앉아 그네를 타는 모습과 연결된다.

관용어

▶ 마음이 통하다: 말하지 않아도 서로의 생각이나 감정이 잘 맞는 상태로, 나연이와 시우가 짧은 인사만으로도 서로 반갑고 편안한 마음을 나누는 모습과 관련 있다.

명언

▶ 진정한 우정은 다른 모든 것을 합친 것보다 더 큰 가치를 지닌다: 혼자였던 나연이에게 시우가 다가와 함께 시간을 보내는 소소한 순간은 그 어떤 것보다 소중한 행복이 된다.

생각을 여는 지도 Tip

"친구와 함께 즐거웠던 순간이 있었니?" 또는 "누구와 어떤 놀이를 했을 때 기분이 좋았는지 이야기해 줄래?"처럼 아이가 친구와의 경험을 떠올리며 말할 수 있도록 질문해 보세요. 친구와 인사를 주고받으며 놀이를 시작하는 모습은 또래와 긍정적인 관계를 맺는 데 중요한 경험이 되며, 이런 상호작용은 공감 능력과 사회성 발달의 기초가 됩니다.

그림 탐색하기

그림을 보고 말해요

- 어떤 놀이기구가 보이나요?
- ○○는 그네를 타 본 적이 있나요? 어떤 기분이 들었나요?
- 친구와 함께 그네를 탈 때 지켜야 할 약속은 무엇인가요?
- 놀이공원이나 놀이터에서 가장 좋아하는 놀이는 무엇인가요?

탐색하기 1

교육 활동 영역: 또래 관계, 공감 능력, 사회성 발달

년 월 일 요일 이름: ____________

제목: ______________________________

나연이가 혼자 그네를 타고 있었어요. 잠시 후, 일어서려던 순간 시우가 왔어요.

"안녕!"

시우가 환하게 웃으며 인사했어요.

"응, 안녕!"

나연이도 반갑게 대답하고 다시 그네를 탔어요. 시우는 나연이 옆에 앉아 그네를 타기 시작했어요.

탐색하기 1

» 내가 찾은 중심 낱말은

입니다.

(노력: 1, 우수: 2, 최우수: 3)

» 이 글을 요약하면, ______가 혼자 ______를 타다가 일어서려는데 ______가 왔어요. 그래서 가지 않고 다시 그네를 탄다는 내용입니다.

(노력: 1, 우수: 2, 최우수: 3)

» 나연이는 가려다가 말고 왜 다시 그네를 탔나요? (　)

① 더 타고 싶어서　② 마음이 바뀌어서　③ 시우가 와서

» (　　)는 그네를 혼자 타는 게 더 좋아요, 친구와 함께 타는 게 더 좋아요?

(노력: 1, 우수: 2, 최우수: 3)

» 말이나 행동이 잘 통하고 서로를 쉽게 이해하는 모습을 표현한 관용어로, 자연스럽게 인사를 나누고 함께 그네를 탄 나연이와 시우의 모습에 어울리는 말은 다음 중 어느 것인가요? (　)

① 가시가 돋다　② 마음이 통하다　③ 등을 돌리다　④ 눈치를 보다

총점:

탐색하기 2

교육 활동 영역

• 가족 관계

하준이는 아빠와 함께 산에 오르며 자연을 즐기고, 대화를 나누며 유대감을 쌓습니다. 이렇게 함께 걷는 경험은 가족 간의 정서적 친밀감을 높이며 이런 소소한 시간 속에서 따뜻한 관계가 형성됩니다.

• 공감 능력

하준이는 다람쥐와 눈이 마주치자 인사하며 생명체에 대한 따뜻한 감정을 표현합니다. 동물의 존재를 소중히 여기고 마음을 나누려는 태도는 공감 능력의 좋은 예입니다. 이처럼 작은 생명에 대한 관심과 존중은 다른 사람에 대한 공감의 바탕이 됩니다.

• 자연 탐구

하준이는 산의 나무, 꽃, 다람쥐 등 다양한 자연물을 직접 보고 느끼며 자연에 대한 흥미와 호기심을 키우고 생태와 환경에 대한 이해를 넓히는 경험을 합니다. 이렇게 실제 자연을 관찰하고 감각적으로 경험하는 활동은 자연 탐구 능력을 길러 줍니다.

숨은 뜻 찾기

기본 언어 학습

- 상쾌하다: 기분이나 몸이 시원하고 산뜻한 느낌이 드는 것
- 경치: 산이나 들, 강, 바다 따위의 자연이나 지역의 모습

속담

- 고생 끝에 낙이 온다: 어려운 일이나 괴로움을 겪은 뒤에는 즐겁고 좋은 일이 생긴다. 하준이가 아빠와 함께 산을 오르느라 땀을 흘리며 힘들었지만, 아름다운 경치를 보고 기분이 상쾌해지는 즐거움을 느낀다.
- 천 리 길도 한 걸음부터: 아무리 긴 길도 첫발에서 시작된다는 뜻으로, 하준이가 산행을 시작하며 자연을 한 걸음씩 즐기는 모습과 어울린다.

명언

- 자연은 가장 훌륭한 치유자다: 자연 속에서는 마음이 편안해지고 기분이 좋아진다는 의미로, 하준이가 땀을 흘리며 산을 올랐지만 아름다운 자연 덕분에 상쾌한 기분을 느낀 상황과 연결된다.

생각을 여는 지도 Tip

"가족과 함께했던 즐거운 순간이 있었니?" 또는 "기억에 남는 자연 풍경이 있다면 이야기해 줄래?"처럼 아이에게 자연스럽게 질문을 던져 보세요. 자연을 함께 바라보며 감정을 나누는 경험은 가족 간의 정서적 유대감을 깊게 해 주며, 자연 속의 다양한 발견은 아이의 탐구심과 자연에 대한 흥미를 길러 줍니다.

그림 탐색하기

그림을 보고 말해요

- 두 사람이 어디를 걷고 있는 것 같나요?
- 아이는 어떤 기분일까요? 왜 그렇게 느껴질까요?
- 산에 오를 때 필요한 준비물에는 무엇이 있을까요?
- ○○는 산에 가 본 적이 있나요? 어떤 기억이 있나요?

탐색하기 2

교육 활동 영역: 가족 관계, 공감 능력, 자연 탐구

년　월　일　요일 이름: ____________

제목: ______________________

하준이는 아빠와 함께 산에 올라갔어요. 산에는 나무가 빽빽하고 예쁜 꽃들도 피어 있었어요. 길을 오르느라 땀이 났지만 아름다운 경치를 보니 기분이 상쾌했어요.

"하준아, 저기 좀 봐."

아빠가 말했어요. 그 순간 다람쥐 한 마리가 하준이와 눈이 마주쳤어요.

"다람쥐야, 안녕."

하준이는 반갑게 인사했어요.

탐색하기 2

>> 내가 찾은 중심 낱말은

입니다.

(노력: 1, 우수: 2, 최우수: 3)

>> 이 글을 요약하면, ________가 ________와 함께 산에 갔어요. 산에는 꽃들도 피어 있고 ________도 많아요. 거기에서 만난 ________와 인사도 했어요.

(노력: 1, 우수: 2, 최우수: 3)

>> 지금은 어느 계절일까요? (　)

① 봄　② 여름　③ 가을　④겨울

>> 나는 산에 가 본 적이 (있어요 ①/없어요 ②)

① ______________________________ 과/와 갔어요.
거기서 ______________________________ 을/를 봤어요.

② 나는 산에 ______________________________ 과/와 가고 싶어요.
그리고 ______________________________ 을/를 보고 싶어요.

(노력: 1, 우수: 2, 최우수: 3)

>> 힘들고 어려운 일을 겪은 뒤에 좋은 일이 생긴다는 의미의 속담으로, 산길을 오르며 힘들었지만 아름다운 경치를 보며 기분이 좋아진 하준이의 경험에 어울리는 말은 다음 중 어느 것인가요? (　)

① 우물 안 개구리　② 고생 끝에 낙이 온다
③ 빈 수레가 요란하다　④ 쇠귀에 경 읽기

총점:

탐색하기 3

교육 활동 영역

• 정서 조절

주연이는 발표 도중 친구의 말에 당황하고 얼굴이 빨개질 정도로 감정이 흔들립니다. 발표 상황에서의 긴장감과 부끄러움 같은 감정을 인식하고 다스리는 경험이 필요합니다. 이러한 경험을 통해 감정을 조절하며 자신감을 잃지 않고 끝까지 발표하는 태도를 기를 수 있습니다.

• 또래 관계

영재가 주연이의 말을 방해하며 "무슨 말인지 안 들려!"라고 말하는 부분은 또래 간의 상호작용에서 발생하는 갈등을 나타냅니다. 주연이는 이로 인해 부끄러움이나 불쾌감을 느낄 수 있지만, 선생님은 이를 중재하려 하며 또래 간의 문제 해결을 돕습니다. 이는 또래 간의 갈등 해결을 통해 사회적 기술을 배우는 중요한 경험이 됩니다.

• 사회 규칙

선생님이 영재에게 "집중해서 잘 들어!"라고 말하는 것은 사회적 규칙을 지키도록 하는 역할을 합니다. 선생님은 사회적 질서와 예의를 중요하게 여기며, 모두가 발언할 때 다른 사람의 말을 방해하지 않도록 유도하는 행동을 보입니다.

숨은 뜻 찾기

표현 익히기

▶ 나는 커서 선생님이 되고 싶어요: 미래의 꿈이나 바람을 이야기할 때 쓰는 표현으로, '커서'는 자라서 어른이 된 뒤를 뜻하고, '~이 되고 싶어요'는 자신의 희망이

나 목표를 정중하게 표현할 때 사용된다.

속담

▶ 되로 주고 말로 받는다: 가볍게 한 행동이 되레 큰 꾸중이나 비난으로 돌아올 수 있다는 뜻으로, 영재는 장난처럼 말했지만 결국 선생님에게 혼나게 된다.

관용어

▶ 얼굴이 화끈거리다: 부끄럽거나 당황해서 얼굴이 빨개지는 상태로, 주연이는 모두 앞에서 놀림을 당해 얼굴이 붉어진다.

명언

▶ 말은 칼보다 날카롭다: 말 한마디가 때로는 큰 상처를 줄 수 있다는 의미로, 영재의 말이 주연이에게 상처가 되었고 분위기를 무겁게 만들었다.

생각을 여는 지도 Tip

"사람들 앞에서 발표해 본 적 있니?" 또는 "발표할 때 기분이 어땠는지 기억나?"처럼 아이의 발표 경험을 떠올릴 수 있도록 질문해 보세요. 발표 중 생긴 다양한 감정을 돌아보는 경험은 정서 조절 능력을 키우고, 교실에서 지켜야 할 사회적 규칙을 자연스럽게 익히는 데 도움이 됩니다.

그림 탐색하기

그림을 보고 말해요

- 이 친구는 지금 무엇을 하고 있나요?
- 얼굴이 빨개진 걸 보니 어떤 기분일까요?
- 사람들 앞에서 발표할 때 어떤 마음이 드나요?
- ○○도 발표할 때 떨렸던 적이 있나요? 어땠나요?

탐색하기 3

교육 활동 영역: 정서 조절, 또래 관계, 사회 규칙

년 월 일 요일 이름: ____________

제목: ______________________________

주연이 차례가 되어 앞으로 나갔어요. 그리고 떨리는 목소리로 말했어요.

"나는 커서 선생님이 되고 싶어요."

그러자 제일 뒤에 앉은 영재가 소리쳤어요.

"무슨 말인지 안 들려!"

주연이는 얼굴이 빨개졌어요. 선생님이 영재에게 주의를 주었어요.

"박영재! 집중해서 잘 들어!"

탐색하기 3

» 내가 찾은 중심 낱말은

입니다.

(노력: 1, 우수: 2, 최우수: 3)

» 이 글을 요약하면, 주연이는 ______에서 장래 희망을 발표해요. 그런데 목소리가 너무 (커서/작아서) 잘 들리지 않았어요. 영재가 안 들린다고 하자 주연이는 (신이 났어요./부끄러웠어요.)

(노력: 1, 우수: 2, 최우수: 3)

» 선생님은 왜 영재에게 집중하라고 했을까요? ( )

① 영재가 집중하지 않아서
② 주연이가 부끄러워해서
③ 영재가 장난꾸러기여서
④ 기타

» 나의 목소리는 어떤가요? (커요 ①/작아요 ②/보통이에요 ③)

① 나는 목소리가 커서/커도 ______
② 나는 목소리가 작아서/작아도 ______
③ 나는 목소리가 보통이서/보통이어도 ______

(노력: 1, 우수: 2, 최우수: 3)

» 작은 피해를 주고도 큰 비난이나 반격을 받는 상황을 표현한 속담으로, 주연이를 방해한 영재가 오히려 선생님께 혼이 난 상황에 어울리는 말은 다음 중 어느 것인가요? ( )

① 가뭄에 콩 나듯
② 벼는 익을수록 고개를 숙인다
③ 되로 주고 말로 받는다
④ 까마귀 날자 배 떨어진다

총점:

탐색하기 4

교육 활동 영역

• 정서 조절

영우는 친구와 다투고 씩씩거리며 집으로 돌아옵니다. 할머니에게 이야기를 털어놓으며 감정을 조절할 수 있게 되고, 할머니의 위로와 공감을 통해 점차 진정되는 모습을 보여 줍니다. 이 과정은 정서적으로 성장하는 중요한 순간입니다.

• 또래 관계

친구와 다툼이 일어난 상황은 또래 관계에서 자주 발생하는 예시입니다. 영우는 친구와의 다툼에서 겪은 감정을 할머니에게 이야기하며 다른 사람과의 관계에서 일어날 수 있는 갈등을 처리하는 방법을 배우고 있습니다.

• 공감 능력

할머니가 영우의 이야기를 듣고 영우의 감정을 이해하며 편을 들어 주는 장면은 공감 능력의 좋은 예입니다. 이 과정에서 영우는 자신의 감정을 인정받고 위로받는 경험을 합니다.

• 문제 해결

영우는 할머니에게 친구와의 다툼을 이야기하면서, 갈등 해결을 위한 방법을 찾으려 합니다. 할머니는 그의 편을 들어 주며, 영우가 그 상황을 어떻게 받아들이고 해결할 수 있을지에 대한 인식을 돕습니다.

숨은 뜻 찾기

기본 언어 학습

- 씩씩거리다: 화가 나서 숨을 거칠게 쉬거나, 얼굴을 붉히며 분노를 드러내는 모습
- 털어놓다: 마음속에 담아 두었던 생각이나 걱정 등을 솔직하게 이야기하는 것
- 서서히: 아주 천천히 조금씩 진행되는 모양

관용어

- 웃음이 번지다: 기분이 좋아져 서서히 웃게 되는 모습을 나타내는 말로, 처음에는 속상해하던 영우의 얼굴에 점점 웃음이 떠오르게 된다.

명언

- 가족은 우리가 등 뒤로 기대어 앉을 수 있는 의자와 같은 것이다: 힘들 때 기댈 수 있는 가족의 존재가 얼마나 든든한지 비유적으로 표현한 말로, 친구와 다투고 속상했던 영우는 할머니의 따뜻한 품과 지지 속에서 위로를 받고 다시 웃음을 찾는다.

생각을 여는 지도 Tip

"친구와 다툰 적이 있었니?" 또는 "속상할 때 누가 위로해 줬는지 기억나?"처럼 아이가 감정을 표현할 수 있도록 질문해 보세요. 속상한 마음을 이야기하고 공감받는 경험은 정서 조절에 도움이 되며, 또래 관계를 이해하고 회복하는 힘을 길러 줍니다.

그림 탐색하기

그림을 보고 말해요

- 두 친구는 어떤 표정을 짓고 있나요?
- 이런 상황에서는 어떤 기분이 들 수 있나요?
- ○○도 친구와 다퉜던 적이 있나요? 그때 어떤 일이 있었나요?
- 싸운 친구와 다시 사이좋게 지내려면 어떻게 해야 할까요?

탐색하기 4

교육 활동 영역: 정서 조절, 또래 관계, 공감 능력, 문제 해결

년　월　일　요일 이름: ____________

제목: ______________________

영우가 친구와 다투고 씩씩거리며 집으로 돌아왔어요. 그런데 집에 할머니가 와 있었어요.

"할머니, 안녕하세요."

영우가 할머니한테 인사했어요.

"응, 그래. 우리 왕자님!"

할머니는 환하게 웃으며 영우를 안아 주었어요. 영우는 할머니에게 친구와 다툰 이야기를 털어놓았어요. 할머니가 영우의 편을 들어 주자, 영우의 얼굴에 서서히 웃음이 번졌어요.

탐색하기 4

» 내가 찾은 중심 낱말은

입니다.

(노력: 1, 우수: 2, 최우수: 3)

» 이 글을 요약하면, 영우가 ______와 싸우고 기분이 나빴어요. 그런데 할머니가 영우의 편을 들어 주자 영우는 기분이 (상했어요./풀렸어요.)

(노력: 1, 우수: 2, 최우수: 3)

» (   )는 친구와 싸운 적이 (있어요 ①/없어요 ②)

① ______________________________

② 만약 싸우게 된다면 기분이 ______________________________

» 나는 할머니, 할아버지가 (계세요 ①/안 계세요 ②)

① ______________________________에 계세요.

② 만약 할머니, 할아버지가 계신다면 ______________________________

(노력: 1, 우수: 2, 최우수: 3)

» 기분이 좋아지거나 상황이 풀리면서 천천히 웃는 표정을 표현한 관용어로, 할머니의 따뜻한 위로에 영우의 얼굴에 웃음이 퍼진 상황에 어울리는 말은 다음 중 어느 것인가요? (   )

① 손을 놓다 ② 속이 상하다 ③ 마음이 콩밭에 가다 ④ 웃음이 번지다

총점:

탐색하기 5

교육 활동 영역

• 정서 조절

지호는 배가 아파서 병원에 갔고, 의사 선생님에게 아픈 부위를 이야기하는 동안 자신의 감정을 표현하는 법을 배우고 있습니다. 또한 지호는 자기 행동에 대해 죄책감을 느낄 수 있는 상황에 처해 있으며, 이를 통해 감정 조절이 중요한 상황임을 배울 수 있습니다.

• 기본 생활 습관

지호가 아이스크림을 몰래 먹은 것은 건강한 생활 습관을 배우는 중요한 기회가 됩니다. 의사 선생님은 그에게 배탈이 난 이유를 설명하면서, 건강한 식습관의 중요성에 대해 다시 한번 강조할 수 있는 기회가 됩니다.

• 결과 예측

지호는 아이스크림을 먹은 결과로 배탈이 났음을 알게 되면서 자신의 행동이 일으킨 결과를 예측할 수 있는 중요한 경험을 하게 됩니다. 이를 통해 다음에는 더 신중하게 행동할 수 있게 됩니다.

숨은 뜻 찾기

기본 언어 학습

- 진찰하다: 의사가 환자의 몸 상태를 살펴보고 병의 원인을 알아보는 것
- 당황하다: 갑작스러운 상황에 어찌할 바를 몰라 어색하고 불안한 느낌을 가지는 것

속담

- 거짓말은 도둑놈 될 장본: 거짓말하는 버릇이 결국에는 도둑질과 같은 더 큰 잘못

으로 이어질 수 있다는 경고의 말이다. 지호의 작은 거짓말이 나중에는 더 큰 잘못으로 이어질 수 있음을 생각하게 한다.

관용어

- 가슴이 철렁하다: 깜짝 놀라거나 당황해 마음이 내려앉는 느낌을 표현하는 말로, 의사 선생님의 질문에 지호가 순간 당황하며 불안해한다.
- 정직은 가장 강한 용기이다: 솔직하게 말하는 것이 가장 용기 있는 행동이라는 의미로, 지호는 거짓말보다 진실을 말하는 것이 더 나았다는 걸 깨닫게 될 것이다.

생각을 여는 지도 Tip

"배가 아팠던 적이 있었니?" 또는 "무엇을 먹고 나서 속이 안 좋았던 적 있니?"처럼 아이가 경험을 떠올릴 수 있도록 질문해 보세요. 자신의 행동이 어떤 결과로 이어졌는지 생각해 보는 경험은 기본 생활 습관을 기르고, 감정을 조절하며 스스로를 돌아보는 힘을 길러 줍니다.

그림 탐색하기

그림을 보고 말해요

- 이 장면은 어디에서 일어난 일일까요?
- 아이는 어떤 표정을 짓고 있나요? 왜 그럴까요?
- 의사 선생님은 무엇을 하고 있나요?
- 병원에 가 본 적이 있나요? 그때 기분이 어땠나요?

탐색하기 5

교육 활동 영역: 정서 조절, 기본 생활 습관, 결과 예측

년 월 일 요일 이름: ____________

제목: ________________________________

지호는 배가 아파 엄마와 함께 병원에 갔어요.

"여기가 아프니?"

의사 선생님이 지호의 배를 진찰하며 물었어요.

"네."

지호는 고개를 끄덕였어요.

"이런! 배탈이 났구나. 뭘 먹은 거니?"

의사 선생님이 다시 물었어요. 지호는 순간 당황했어요. 어젯밤, 엄마 몰래 냉장고에서 아이스크림 두 개를 꺼내 먹었거든요.

탐색하기 5

» 내가 찾은 중심 낱말은

입니다.

(노력: 1, 우수: 2, 최우수: 3)

» 이 글을 요약하면, 지호는 엄마 몰래 ______________ 두 개를 먹고 배탈이 나서 병원에 갔어요. 엄마가 옆에서 지켜보는데 의사 선생님이 뭘 먹었냐고 물어서 지호는 (차분했어요./당황했어요.)

(노력: 1, 우수: 2, 최우수: 3)

» 이제 지호는 어떻게 할 것 같나요? (   )

① 아무것도 안 먹었다고 거짓말을 한다 ② 사실대로 말한다

③ 기억이 안 난다고 고집 부린다 ④ 기타

» 나는 병원에 가 본 적이 (있어요 ①/없어요 ②)

① ______________________________ 아파서 병원에 갔어요.

거기서 의사 선생님이 나의 ______________________ 을/를 진찰하셨어요.

② 나는 병원에 (가고 싶어요./가기 싫어요.) 왜냐하면 ____________ 때문이에요.

(노력: 1, 우수: 2, 최우수: 3)

» 깜짝 놀라거나 불안한 일이 생겼을 때 가슴이 갑자기 내려앉는 느낌을 표현한 관용어로, 의사 선생님의 질문에 엄마 몰래 아이스크림을 먹은 일이 떠올라 당황한 지호의 마음에 어울리는 말은 다음 중 어느 것인가요? (   )

① 귀에 익다 ② 기가 차다 ③ 날개를 펴다 ④ 가슴이 철렁하다

총점:

탐색하기 6

교육 활동 영역

• 가족 관계

가족 구성원들이 각자 역할을 하며 함께 생활하는 일상 속에서 정서적인 유대가 드러납니다. 지윤이의 장난스러운 반응에 부모가 웃으며 반응하는 모습은 가족 간의 따뜻한 관계를 보여 줍니다. 소소한 사건을 함께 나누며 가족 안에서의 안정감과 친밀함이 형성됩니다.

• 공감 능력

지윤이는 엄마의 다친 모습을 보고 상황을 이해하고, 그것을 유쾌하게 표현하며 관심을 보입니다. 비록 장난스럽게 말했지만, 엄마의 상황을 인식하고 반응하는 모습은 공감의 시작입니다.

• 의사소통

지윤이는 엄마의 말투를 흉내 내며 감정을 표현하고, 부모는 그것을 웃음으로 받아 주며 상호작용합니다. 유쾌한 분위기 속에서 자연스럽게 말하고 반응하면 긍정적인 의사소통 능력이 자랍니다.

숨은 뜻 찾기

× 기본 언어 학습

▶ 외치다: 큰 소리로 부르거나 말하는 것

× 속담

▶ 고슴도치도 제 새끼는 예쁘다: 자기 자식은 어떤 모습이라도 사랑스럽게 느껴진

다는 뜻으로, 지윤이가 엄마 말투를 흉내 내는 모습에 엄마와 아빠는 귀엽고 웃음이 나게 된다.

관용어

▶ 눈에 넣어도 아프지 않다: 매우 귀하고 사랑스러운 느낌을 비유적으로 이르는 말로, 지윤이가 엄마를 흉내 내는 모습은 엄마 아빠 눈에는 눈에 넣어도 아프지 않을 만큼 사랑스럽게 보였다.

명언

▶ 가족은 인생의 닻이다: 거친 세상의 파도 속에서도 가족은 흔들리지 않고 나를 지탱해 주는 든든한 존재라는 의미다. 엄마가 다쳤을 때 달려온 아빠, 그리고 엄마를 걱정하는 지윤이의 모습에서 서로에게 든든한 닻이 되어 주는 가족의 사랑을 볼 수 있다.

생각을 여는 지도 Tip

"엄마나 아빠가 다쳤을 때 본 적 있어?" 또는 "그때 너는 무슨 생각이 들었니?"처럼 아이가 가족의 상황을 떠올리며 말할 수 있도록 질문해 보세요. 가족의 모습을 살피고 마음을 표현해 보는 경험은 공감 능력과 의사소통 능력을 기르는 데 도움이 되며, 함께 웃고 공감하는 순간은 가족 간의 유대감을 키워 줍니다.

그림 탐색하기

그림을 보고 말해요

- 엄마는 어디에 있는 것 같나요?
- 어떤 표정을 짓고 있나요? 무슨 일이 있었을까요?
- 손가락에 붙인 것은 무엇인가요? 왜 붙였을까요?
- 부엌에서는 어떤 점을 조심해야 할까요?

탐색하기 6

교육 활동 영역: 가족 관계, 공감 능력, 의사소통

년 월 일 요일 이름: ___________

제목: --

아빠는 베란다에서 청소를 하고, 엄마는 주방에서 식사를 준비하고 있었어요. 거실에서는 지윤이가 블록을 가지고 놀고 있었어요. 그런데 갑자기 엄마가 외쳤어요.

"아얏!"

그 소리를 듣고 아빠가 주방으로 달려갔어요. 잠시 후, 지윤이는 엄마 손에 밴드가 붙어 있는 것을 보고 엄마의 말투를 흉내 냈어요.

"쯧쯧, 조심 좀 하지!"

엄마와 아빠는 그 모습을 보고 크게 웃었어요.

탐색하기 6

» 내가 찾은 중심 낱말은

입니다.

(노력: 1, 우수: 2, 최우수: 3)

» 이 글을 요약하면, ________가 아프다고 외치자 ________가 달려갔어요. 잠시 후, 엄마 손에 붙은 밴드를 보고 지윤이가 (엄마 흉내/아빠 흉내)를 내자 엄마와 아빠가 웃었어요.

(노력: 1, 우수: 2, 최우수: 3)

» 엄마는 왜 손에 밴드를 붙였을까요? (　)

① 강아지한테 물려서　② 망치질하다가 다쳐서
③ 칼질하다가 다쳐서　④ 뜨거운 물에 데어서

» (　　)는 엄마나 아빠 흉내를 내 본 적이 있나요? (　)

① 예　② 아니요　③ 기타

(노력: 1, 우수: 2, 최우수: 3)

» 가족은 마음을 편하게 해 주고, 힘들 때 도와주며 우리가 잘 지낼 수 있게 해 주는 소중한 사람들이라는 뜻의 명언으로, 지윤이를 따뜻하게 바라보는 가족의 모습에 어울리는 말은 다음 중 어느 것인가요? (　)

① 행복은 성적순이 아니다　② 가족은 인생의 닻이다
③ 오늘 걷지 않으면 내일은 뛰어야 한다　④ 배움에는 끝이 없다

총점:

탐색하기 7

교육 활동 영역

• 정서 조절

예준이는 강아지를 보고 무서워하며 감정을 강하게 표현합니다. 두려움이라는 감정을 인식하고 점차 차분하게 다스릴 수 있는 연습이 필요합니다. 감정을 지나치게 억누르거나 회피하기보다, 상황을 이해하며 조절하는 능력을 기를 수 있습니다.

• 공감 능력

이모와 엄마는 예준이의 무서운 감정을 이해하고, 안심시키려는 말과 태도로 반응합니다. 아이의 감정을 그대로 받아 주고 공감하는 태도는 정서적 안정에 도움이 됩니다.

• 문제 해결

예준이는 문제 상황에서 감정을 다독이고, 해결 방법을 찾아보는 과정이 중요합니다. 두려움을 극복하고 상황에 적응하는 경험은 점차 문제 해결 능력을 키워 주는 계기가 됩니다.

숨은 뜻 찾기

기본 언어 학습

▶ 짖다: 개가 소리를 내어 울다.

속담

▶ 자라 보고 놀란 가슴 솥뚜껑 보고 놀란다: 어떤 일에 한 번 혼이 나거나 놀란 사람이 그와 비슷한 것만 보아도 지레 겁을 먹고 놀란다는 뜻으로, 강아지를 보고 놀란 예준이가 이모의 말에도 안심하지 못하고 계속 무서워하는 모습이다.

관용어

- 가슴이 철렁하다: 놀라거나 불안하여 갑자기 겁이 나는 듯하다. 예준이는 강아지가 갑자기 으르렁거리며 짖자 가슴이 철렁했다.
- 간이 콩알만 해지다: 무서워서 몹시 놀란 상태를 의미하는 말로, 예준이는 강아지가 짖자 얼굴이 굳고 엄마 뒤에 숨게 된다.

명언

- 용기는 두려움의 부재가 아니라 두려움에 대한 저항이며 정복이다: 두려움을 느끼더라도 맞서 이겨 내는 것이 진정한 용기라는 의미다. 예준이가 강아지가 무서워 집에 가자고 졸랐지만, 앞으로 예준이가 두려움을 극복하고 용기를 낼 수 있음을 생각하게 한다.

생각을 여는 지도 Tip

"강아지나 다른 동물이 무서웠던 적이 있었니?" 또는 "그때 어떻게 했는지 기억나?"처럼 아이가 두려웠던 순간을 떠올릴 수 있도록 질문해 보세요. 무서운 마음을 솔직하게 표현하고 어른들의 반응을 지켜보는 경험은 정서 조절과 공감 능력을 기르는 데 도움이 되며, 낯선 상황에서 어떻게 하면 좋을지 스스로 생각해 보는 힘도 길러 줍니다.

그림 탐색하기

그림을 보고 말해요

- 이 사람은 어떤 표정을 짓고 있나요?
- 강아지는 어떤 기분인 것 같나요? 왜 그렇게 생각하나요?
- 강아지가 왜 화가 났을까요?
- ○○도 동물이 화를 내는 모습을 본 적이 있나요? 그때 어땠나요?

탐색하기 7

교육 활동 영역: 정서 조절, 공감 능력, 문제 해결

년 월 일 요일 이름: ____________

제목: ________________

엄마가 초인종을 눌렀어요.

"어서 와."

이모가 웃으며 반갑게 맞아 주었어요. 그런데 이모의 팔에 안겨 있던 강아지가 예준이를 보고 으르렁거리며 왕왕 짖었어요. 예준이는 얼른 엄마 뒤로 숨었어요.

"예준아! 괜찮아! 안 물어."

이모가 이렇게 말했지만, 예준이는 여전히 무서웠어요. 그래서 엄마한테 집으로 돌아가자고 졸랐어요.

탐색하기 7

» 내가 찾은 중심 낱말은

입니다.

(노력: 1, 우수: 2, 최우수: 3)

» 이 글을 요약하면, ________는 엄마와 함께 이모네 집에 왔어요. 그런데 이모가 안고 있는 ________가 (무서워서/귀여워서) 집에 돌아가자고 엄마를 졸랐어요.

(노력: 1, 우수: 2, 최우수: 3)

» 예준이가 집에 돌아가자고 했을 때 엄마와 이모는 어떤 기분이 들었을까요? (　)

① 화가 났다　② 아무렇지도 않다　③ 당황했다

» (　　)는 어른이 괜찮다고 해도 무서웠던 적이 있나요?

(노력: 1, 우수: 2, 최우수: 3)

» 무섭거나 놀라서 몹시 겁을 먹은 상태를 표현한 관용어로, 강아지가 짖자 겁이 나서 엄마 뒤에 숨고 집에 가자고 조른 예준이의 모습에 어울리는 말은 다음 중 어느 것인가요? (　)

① 속이 쓰리다　② 어깨를 으쓱하다　③ 간이 콩알만 해지다　④ 눈을 붙이다

총점:

탐색하기 8

교육 활동 영역

• 정서 조절

효린이는 원하는 것이 바로 이루어지지 않자 감정을 조절하지 못하고 울음으로 표현합니다. 자신의 감정을 적절한 방식으로 표현하고 조절하는 능력이 필요한 상황입니다. 즉각적인 반응 대신 기다리는 연습을 통해 점차 감정 조절 능력을 기를 수 있습니다.

• 공감 능력

오빠는 공부 중임에도 불구하고 효린이의 감정을 이해하고 반응해 주며 공감적인 태도를 보입니다. 동생의 실망과 서운함을 알아차리고 위로하는 행동은 관계를 따뜻하게 만듭니다. 타인의 감정을 이해하고 상황에 맞게 반응하는 공감 능력이 잘 나타난 장면입니다.

• 문제 해결

오빠는 서로의 입장을 조율하고 시간을 정하는 등의 대화로 해결하는 방법도 필요합니다. 갈등 상황에서 감정과 필요를 모두 고려한 해결 방식을 찾는 것이 중중요합니다.

숨은 뜻 찾기

기본 언어 학습

▶ 이따가: 조금 지난 뒤의 가까운 미래를 가리키는 말

속담

▶ 형만 한 아우 없다: 윗사람의 실력이나 품격을 아랫사람이 넘어서기 어렵다는 뜻이지만, 여기서는 형(오빠)의 넉넉한 품과 배려심이 돋보인다는 의미로도 쓰일 수

있다. 효린이가 울자 오빠는 공부를 멈추고 동생을 먼저 챙기며 다정한 모습을 보여 준다.

관용어

- 마음을 써 주다: 다른 사람을 배려하고 신경 써 주는 모습으로, 오빠는 자신의 할 일을 멈추고 동생의 마음을 헤아려 함께 놀아 주기로 한다.

명언

- 형제는 자연이 준 친구다: 형제자매는 태어날 때부터 함께하는 소중한 친구와 같다는 의미로, 오빠가 자신의 공부를 멈추고 효린이와 놀아 준 것은 형제로서 서로에게 친구가 되어 주는 사랑을 보여 준다.

생각을 여는 지도 Tip

"누군가 놀아 주지 않아서 속상했던 적이 있었니?" 또는 "그때 어떻게 했는지 이야기해 줄래?"처럼 아이가 비슷한 경험을 떠올릴 수 있도록 질문해 보세요. 자신의 감정을 표현하고, 다른 사람의 상황을 이해하려고 해 보는 경험은 정서 조절과 공감 능력을 기르는 데 도움이 되며, 서로의 마음을 조율해 가는 과정은 문제 해결력을 키우는 데도 도움이 됩니다.

그림 탐색하기

그림을 보고 말해요

- 그림 속에 자동차는 몇 대나 있나요?
- 어떤 종류의 차들이 보이나요?
- ○○는 이 중 어떤 차를 타 본 적이 있나요?
- 주차장 놀이는 혼자 할 때와 둘이 할 때, 언제가 더 재미있을까요?

탐색하기 8

교육 활동 영역: 정서 조절, 공감 능력, 문제 해결

년 월 일 요일 이름: ____________

제목: ______________________________

효린이가 오빠 방으로 들어갔어요. 그런데 오빠는 책상에 앉아 공부를 하고 있었어요. 오빠가 물었어요.

"효린아, 왜?"

효린이가 졸랐어요.

"나랑 주차장 놀이해."

오빠는 효린이를 바라보며 상냥하게 말했어요.

"오빠 공부 중이야. 이따가 놀아 줄게."

그러자 효린이는 울음을 터뜨렸어요.

"으앙!"

오빠는 결국 연필을 내려놓고 의자에서 일어났어요.

탐색하기 8

» 내가 찾은 중심 낱말은

입니다.

(노력: 1, 우수: 2, 최우수: 3)

» 이 글을 요약하면, 효린이가 ______와 함께 놀고 싶었어요. 그런데 ______가 이따 놀아 준다고 하자 ______을 터뜨렸어요. 할 수 없이 오빠는 (의자에서 일어났어요./의자에 앉았어요.)

(노력: 1, 우수: 2, 최우수: 3)

» 이제 오빠는 어떻게 할 것 같나요? (   )

① 효린이를 방에서 내쫓는다
② 오빠가 방에서 나가 버린다
③ 효린이와 놀아 준다
④ 기타

» (   )는 집에서 누구와 무엇을 하며 노나요?

(노력: 1, 우수: 2, 최우수: 3)

» 형이 아우보다 낫다는 의미로, 나이가 많고 경험이 많은 사람이 더 침착하고 너그러운 모습을 보인다는 뜻의 속담입니다. 동생이 떼를 써도 상냥하게 대하며 양보하는 오빠의 행동에 어울리는 말은 다음 중 어느 것인가요? (   )

① 배보다 배꼽이 더 크다
② 가는 날이 장날이다
③ 형만 한 아우 없다
④ 누워서 떡 먹기

총점:

탐색하기 9

교육 활동 영역

• 정서 조절

현지는 놀라고 당황한 감정을 순간적으로 큰 소리로 표현했는데, 감정을 조절하며 상황을 전달할 필요가 있습니다. 감정을 바로 표현하는 것도 중요하지만, 말투나 방법에 따라 상대가 느끼는 감정도 달라질 수 있음을 배울 수 있습니다. 감정을 인식하고 차분하게 전달하는 연습을 통해 정서 조절 능력을 기를 수 있습니다.

• 공감 능력

연우는 강아지를 좋아하는 마음에 행동했지만, 강아지나 현지의 감정을 세심하게 고려하지 못했습니다. 반려동물도 감정이 있고, 보호자의 마음도 존중받아야 한다는 것을 이해하는 것이 필요합니다. 타인의 입장에서 생각하고 조심스럽게 행동하려는 태도가 공감 능력을 키우는 데 도움이 됩니다.

• 사회 규칙

다른 사람의 물건이나 반려동물은 허락을 받고 조심스럽게 다루어야 한다는 기본적인 사회적 규칙을 배울 수 있습니다. 상대방의 소중한 존재를 존중하는 태도는 공동생활에서 중요한 예절입니다. 동물과 상호작용할 때도 안전과 존중을 기반으로 한 규칙이 필요하다는 것을 익힐 수 있습니다.

숨은 뜻 찾기

기본 언어 학습

▶ 쓰다듬다: 다정하게 손으로 부드럽게 쓸어 주듯 만지는 것

관용어

▶ 도가 지나치다: 적당한 정도나 한계를 넘어서다. 연우가 강아지를 만져 보고 싶었던 마음은 이해가 되지만, 발을 잡고 세게 흔든 행동은 도가 지나친 장난이었다.

명언

▶ 무지는 두려움을 낳고, 두려움은 미움을 낳는다: 잘 모르기 때문에 무서워하게 되고, 무서운 마음이 미움으로 이어진다는 의미이지만, 때로는 무지함 때문에 잘못된 행동을 할 수 있음을 경고하기도 한다. 연우가 강아지를 다루는 방법을 잘 몰랐기 때문에 강아지에게 위험할 수 있는 장난스러운 행동을 했음을 알 수 있다.

생각을 여는 지도 Tip

"다른 친구의 물건이나 동물을 만져 본 적이 있니?" 그리고 "그때 어떻게 했었니?"처럼 아이가 상황을 떠올리며 말할 수 있도록 질문해 보세요. 친구의 감정과 상황을 이해하고 배려하는 경험은 공감 능력을 키우는 데 도움이 되며, 함께 지켜야 할 약속이나 규칙을 익히는 데도 중요합니다.

그림 탐색하기

그림을 보고 말해요

- 이 친구는 지금 무엇을 하고 있나요?
- 강아지의 표정은 어떤가요? 기분이 어때 보이나요?
- 이 친구는 강아지와 함께 있으니 어떤 마음일까요?
- ○○도 강아지나 다른 동물을 만져 본 적이 있나요? 어땠나요?

탐색하기 9

교육 활동 영역: 정서 조절, 공감 능력, 사회 규칙

년 월 일 요일 이름: ____________

제목: ________________________

현지네 집에 연우가 놀러 왔어요. 현지는 강아지를 키우고 있어요. 강아지가 현지에게 다가오자, 현지가 강아지를 쓰다듬었어요. 연우가 말했어요.

"나도 만져 보고 싶어!"

현지가 웃으며 대답했어요.

"조심해서 살살 만져 봐."

연우가 "악수!" 하며 강아지 발을 잡고 세게 흔들었어요. 그러자 현지가 깜짝 놀라 소리쳤어요.

"하지 마!"

탐색하기 9

>> 내가 찾은 중심 낱말은

입니다.

(노력: 1, 우수: 2, 최우수: 3)

>> 이 글을 요약하면, 연우가 현지 집에 놀러 와 ________를 만져 보고 싶어 해서 현지는 (허락/거절)했어요. 그러나 연우가 강아지 ________을 세게 흔들자, 현지는 깜짝 놀라서 하지 말라고 소리쳤어요.

(노력: 1, 우수: 2, 최우수: 3)

>> 누군가가 내가 아끼는 것을 함부로 다루면 내 기분은 어떨까요? (   )

① 화가 난다 ② 슬프다 ③ 짜증 난다 ④ 기타

>> 나는 강아지를 만져 본 적이 (있어요 ①/없어요 ②)

① ________________________________

② (만져 보고 싶어요./만지기 싫어요.)

(노력: 1, 우수: 2, 최우수: 3)

>> 정도를 넘어서 지나치게 행동하는 모습을 표현한 관용어로, 강아지를 세게 흔드는 연우의 행동과 어울리는 말은 다음 중 어느 것인가요? (   )

① 꿈을 깨다 ② 도가 지나치다 ③ 발을 끊다 ④ 발 벗고 나서다

총점:

탐색하기 10

교육 활동 영역

• 정서 조절

선우는 생일에 친구들이 오지 않아 실망과 서운함을 느끼고, 짜증 섞인 말로 감정을 표현합니다. 기대와 현실이 다를 때 생기는 감정을 차분히 다스리는 연습이 중요합니다.

• 자아 존중감

친구들이 오지 않았다는 사실은 선우의 자존감에 영향을 줄 수 있고, '내가 친구들에게 소중하지 않나?' 하는 생각으로 이어질 수 있습니다. 외부 상황에 휘둘리지 않고, 스스로를 소중히 여기고 긍정적으로 바라보는 태도를 기르는 것이 필요합니다. 자신을 있는 그대로 인정하고 사랑하는 마음이 자아 존중감의 바탕이 됩니다.

• 또래 관계

친구들과의 약속이 지켜지지 않은 상황은 또래 관계의 어려움이나 소통의 부재를 드러낼 수 있습니다. 친구와의 관계에서 서로에 대한 기대, 관심, 약속의 의미를 돌아보는 기회가 됩니다. 건강한 또래 관계를 위해서는 평소의 소통, 배려, 신뢰 형성이 중요하다는 점을 배울 수 있습니다.

숨은 뜻 찾기

× 기본 언어 학습

▶ 가득 차려지다: 음식이나 물건이 풍성하게 준비되어 있는 상태

× 속담

▶ 뿌린 대로 거둔다: 평소에 한 행동이나 말이 결국 자기에게 돌아온다는 뜻으로,

친구들과의 평소 관계에 따라 생일날 아무도 오지 않는 결과를 맞게 된다.

관용어

- 낙동강 오리알: 무리에서 떨어져 홀로 외롭게 되거나 신세가 처량하게 된 처지를 비유적으로 이르는 말로, 친구들이 아무도 오지 않은 생일 파티에서 선우는 마치 무리에서 떨어진 낙동강 오리알처럼 홀로 남겨진 신세가 되었다.
- 가슴에 멍이 들다: 크게 상처받거나 슬픈 일을 겪어 마음이 아픈 상태를 나타내며, 생일을 기대했지만 친구들이 오지 않아 속상했던 선우의 마음에 어울린다.

생각을 여는 지도 Tip

"기대했던 일이 잘 안돼서 속상했던 적이 있니?" 그리고 "그때 어떻게 했었니?"처럼 아이가 실망했던 경험을 떠올리며 말할 수 있도록 질문해 보세요. 감정을 솔직하게 표현하고, 친구와의 관계를 돌아보는 경험은 정서 조절과 또래 이해에 도움이 되며, 자기 감정을 존중받는 과정은 자아 존중감을 키우는 데도 중요합니다.

그림 탐색하기

그림을 보고 말해요

- 이 식탁 위에는 어떤 음식이 있나요?
- 생일 케이크가 있는 걸 보니 무슨 날일까요?
- 아이의 표정은 어떤가요? 왜 그런 기분일까요?
- 생일날 속상했던 적이 있나요? 왜 그랬나요?

탐색하기 10

교육 활동 영역: 정서 조절, 자아 존중감, 또래 관계

년 월 일 요일 이름: ____________

제목: ______________________________

오늘은 선우의 생일이에요. 식탁 위에는 케이크와 피자, 불고기 등 맛있는 음식이 가득 차려져 있어요. 그런데 친구들이 아무도 오지 않았어요.

"친구들은 왜 안 오니?"

엄마가 물었어요.

"몰라요."

선우는 짜증 섞인 목소리로 대답했어요.

탐색하기 10

» 내가 찾은 중심 낱말은

입니다.

(노력: 1, 우수: 2, 최우수: 3)

» 이 글을 요약하면, 오늘은 ________ 의 ________ 이에요. 식탁 위에는 맛있는 ______ 이 많이 있었지만 친구들이 오지 않아서 선우는 ____________________

(노력: 1, 우수: 2, 최우수: 3)

» 친구들은 왜 오지 않은 걸까요? (　)

① 깜박 잊어서　② 바빠서　③ 오기 싫어서　④ 기타

» 나는 생일파티를 해 본 적이 (있어요 ①/없어요 ②)

① ______________________________ 이/가 생일 축하를 해 주었어요.

② 나는 생일파티를 (하고 싶어요./하기 싫어요.)

왜냐하면 ____

(노력: 1, 우수: 2, 최우수: 3)

» 크게 상처받거나 슬픈 일을 겪어 마음이 아픈 상태를 표현한 관용어로, 생일을 기대했지만 친구들이 오지 않아 속상했던 선우의 마음에 어울리는 말은 다음 중 어느 것인가요? (　)

① 가슴에 멍이 들다　② 어깨가 으쓱하다　③ 무게를 잡다　④ 배꼽을 잡다

총점:

탐색하기 11

교육 활동 영역

• 정서 조절

예빈이는 아기를 안아 보고 싶다는 감정을 조절하지 못하고 고집을 부립니다. 상대의 말을 이해하며 기다리는 연습이 필요합니다. 감정이 앞설 때 차분하게 반응하는 법을 배우는 것이 정서 발달에 도움이 됩니다.

• 공감 능력

예빈이는 아기를 안고 싶은 자신의 감정에만 집중하고, 아기의 안전이나 이모의 입장은 고려하지 못합니다. 타인의 입장에서 상황을 바라보는 연습을 통해 공감 능력을 키울 수 있습니다.

• 사회 규칙

아기를 돌볼 때는 조심해야 하며, 보호자의 허락과 지시를 따르는 것이 중요한 사회적 규칙 중 하나입니다. 아기의 안전을 위한 행동 제한은 규칙으로 이해되어야 합니다. 다른 사람과 함께 있을 때 지켜야 할 기본적인 질서와 배려의 태도를 익힐 수 있습니다.

숨은 뜻 찾기

기본 언어 학습

- 사촌: 부모님의 형제나 자매의 자녀
- 손을 뻗다: 팔을 길게 뻗어 무언가를 잡거나 만지려는 행동

속담

- 우물가에서 숭늉 찾는다: 성격이 매우 급해 참을성을 가지지 못함을 나타내는 표

현으로, 예빈이가 아직 어린데도 당장 아기를 안아 보겠다고 고집을 부리는 모습과 어울린다.

관용어

▶ 한 고집 하다: 보통보다 더 고집이 센 태도를 의미하는 말로, 예빈이처럼 말을 듣지 않고 자기 뜻대로 하려고 하는 성격을 표현한다.

명언

▶ 성급함은 실수를 부르고 고집은 기회를 놓친다: 너무 서두르거나 자신의 고집만 부리면 오히려 일을 그르치거나 좋은 기회를 잃게 된다는 의미다. 예빈이가 너무 급하게 안으려다 실수할 수도 있고, 이모의 말을 듣고 기다리면 안전하게 안아 볼 기회가 올 텐데 고집을 부린다.

생각을 여는 지도 Tip

"무언가 하고 싶었는데 어른이 안 된다고 했던 적이 있니?" 그리고 "속상할 때는 어떻게 하니?"처럼 아이가 비슷한 상황을 떠올리며 말할 수 있도록 질문해 보세요. 감정을 조절하며 기다리는 경험은 사회적 규칙을 배우는 데 도움이 되고, 다른 사람의 말에 귀 기울이며 마음을 이해해 보는 과정은 공감 능력을 키우는 데도 중요합니다.

그림 탐색하기

그림을 보고 말해요

- 이 아기는 어떤 표정을 짓고 있나요?
- 아기를 싸고 있는 노란 천은 무엇인가요?
- ○○는 아기였을 때 어떤 모습이었을까 상상해 본 적 있나요?
- 아기를 보면 어떤 기분이 드나요?

탐색하기 11

교육 활동 영역: 정서 조절, 공감 능력, 사회 규칙

년 월 일 요일 이름: ____________

제목: ____________

이모가 아기를 안고 왔어요.

"예빈아, 얘는 네 사촌 동생 민우야."

이모가 말했어요.

"이모, 저 민우 안아 보고 싶어요!"

예빈이가 손을 뻗으며 말했어요. 민우가 너무 귀여웠거든요. 이모는 웃으며 대답했어요.

"예빈이가 조금 더 크면 그때 안아 보게 해 줄게."

하지만 예빈이는 고집을 부렸어요.

"지금 안아 보고 싶어요!"

탐색하기 11

>> 내가 찾은 중심 낱말은

입니다.

(노력: 1, 우수: 2, 최우수: 3)

>> 이 글을 요약하면, ______가 ______ 동생 민우를 안고 왔어요. 예빈이도 ______를 안고 싶었지만 이모가 지금은 (된다고/안 된다고) 했어요.

(노력: 1, 우수: 2, 최우수: 3)

>> 이모는 예빈이에게 아기를 안아 보게 해 줬을까요? (　)

① 예　② 아니요　③ 기타

>> 나는 사촌 형제가 (있어요 ①/없어요 ②)

① ______________________________ 이에요.

② (있으면/없으니까) ______________________________

(노력: 1, 우수: 2, 최우수: 3)

>> 자기 고집이 세고 쉽게 말을 듣지 않는 태도를 표현한 관용어로, 사촌 동생을 지금 꼭 안아 보겠다며 이모의 말에도 굽히지 않은 예빈이의 행동에 어울리는 말은 다음 중 어느 것인가요? (　)

① 입이 무겁다　② 코가 세다　③ 밑 빠진 독　④ 귀가 얇다

총점:

탐색하기 12

교육 활동 영역

• 가족 관계

형이라는 이유로 무조건적인 책임을 요구받는 상황은 가족 내 역할에 대한 부담을 느끼게 합니다. 가족 구성원 간의 공감과 공정한 소통이 건강한 관계 형성에 필요함을 보여 줍니다.

• 정서 조절

준우는 억울하고 속상한 감정을 말로 표현하지 못한 채 눈물로 반응합니다. 감정을 억누르기보다 상황에 맞게 솔직하게 표현하고, 자신의 입장을 전달하는 연습이 필요합니다. 감정 표현과 조절 능력을 통해 갈등 상황에서도 안정적으로 대처할 수 있게 됩니다.

• 자아 존중감

엄마의 꾸중은 준우로 하여금 '형으로서 부족한 사람'이라는 인식을 갖게 하며 자아 존중감에 영향을 줄 수 있습니다. 자신의 가치를 스스로 인정하고 지키는 힘을 기를 수 있도록 도와야 합니다.

숨은 뜻 찾기

기본 언어 학습

▶ 돌보다: 다른 사람을 보살피고 신경 써서 챙기다.

속담

▶ 애꿎은 두꺼비 돌에 맞다: 남의 분쟁이나 싸움에 관계없는 사람이 뜻밖의 피해를 보다. 준우가 그저 숙제를 하고 있었을 뿐인데, 동생이 넘어진 일로 엄마에게 억

울하게 혼이 난 상황과 맞다.

관용어

▶ 말문이 막히다: 너무 놀라거나, 당황하거나, 억울해서 말이 입 밖으로 나오지 않는 상황으로, 엄마의 갑작스러운 비난에 너무 놀라고 억울해서 준우가 아무 말도 하지 못하고 눈물만 흘린 모습에 해당된다.

명언

▶ 침묵은 때로 가장 큰 비명이다: 소리 내어 말하지 못하는 침묵 속에 오히려 더 크고 절절한 외침이나 고통이 담겨 있음을 비유적으로 이르는 말로, 엄마의 말에 아무 대꾸도 못 하고 눈물만 흘린 준우의 침묵 속에 담긴 억울함과 슬픔을 나타낸다.

생각을 여는 지도 Tip

"내가 잘못한 게 아닌 것 같은데 혼난 적이 있었니?" 또는 "혼날 때 어떤 마음이 드는 것 같니?"처럼 아이가 자신의 감정을 떠올리며 말할 수 있도록 질문해 보세요. 감정을 표현하고 이해받으려는 시도는 정서 조절과 자아 존중감을 키우는 데 도움이 되며, 가족 안에서 마음을 솔직하게 나누는 경험은 관계를 더 건강하게 만들어 줍니다.

그림 탐색하기

그림을 보고 말해요

- 이 친구는 무엇을 하고 있나요?
- 표정을 보니 어떤 기분인 것 같나요?
- 열심히 글을 쓸 때 ○○는 어떤 마음이 드나요?
- 공부할 때 어려운 점이 생기면 어떻게 하나요?

탐색하기 12

교육 활동 영역: 가족 관계, 정서 조절, 자아 존중감

년 월 일 요일 이름: ____________

제목: --

엄마와 아빠가 외출을 했어요. 준우는 숙제를 하고 있었어요. 그때 동생 준영이가 소파 위에서 뛰다가 넘어졌어요. 준영이의 무릎에서 피가 났어요. 외출에서 돌아온 엄마는 준우에게 화를 내며 말했어요.

"넌 형인데, 동생을 잘 돌봐야지."

준우는 아무 말도 하지 못하고 눈물만 흘렸어요.

탐색하기 12

>> 내가 찾은 중심 낱말은

입니다.

(노력: 1, 우수: 2, 최우수: 3)

>> 이 글을 요약하면, ______가 숙제할 때 동생 준영이가 ______ 위에서 뛰다가 넘어졌어요. 외출에서 돌아온 엄마와 아빠는 동생이 다친 일로 준우를 (혼냈어요./혼내지 않았어요.)

(노력: 1, 우수: 2, 최우수: 3)

>> 준우는 왜 동생을 돌보지 않고 공부를 했을까요? (   )

① 숙제가 중요하니까 ② 동생이 다칠 줄 몰랐으니까

③ 숙제를 안 하면 선생님께 혼나서 ④ 기타

>> 나는 엄마, 아빠한테 혼나 본 적이 (있어요 ①/없어요 ②)

① 혼났을 때 기분이 (나빴어요./슬펐어요./속상했어요./억울했어요./기타)

② 만약 혼난다면 ______________________________ 것 같아요.

(노력: 1, 우수: 2, 최우수: 3)

>> 당황하거나 억울한 상황에서 아무 말도 하지 못하게 되는 상태를 표현한 관용어로, 동생이 다친 상황에 대해 엄마에게 혼이 나자 눈물만 흘리며 아무 말도 못한 준우의 모습에 어울리는 말은 다음 중 어느 것인가요? (   )

① 손을 놓다 ② 귀가 번쩍 뜨이다 ③ 입을 맞추다 ④ 말문이 막히다

총점:

탐색하기 13

교육 활동 영역

• 가족 관계

아빠는 일방적인 꾸중보다는 아이의 상황을 듣고 이해하려는 소통이 필요합니다. 가족 구성원 간의 따뜻하고 열린 대화는 신뢰와 안정감을 주며 긍정적인 관계를 만듭니다.

• 정서 조절

준우는 반복되는 꾸중에 억울하고 속상한 감정을 느끼지만, 이를 말로 표현하지 못하고 눈물로 반응합니다. 자신의 감정을 인식하고, 상황에 맞게 표현하는 연습이 필요합니다. 감정을 건강하게 다루는 방법을 통해 자신을 지키고 상황을 더 잘 이해할 수 있게 됩니다.

• 문제 해결

준우는 상황을 파악하지 않고 바로 혼을 내는 아빠에게 한마디도 못합니다. 문제를 해결하기 위해서는 숙제를 미룬 이유나 앞으로의 계획에 대해 함께 이야기하는 과정이 필요합니다.

숨은 뜻 찾기

기본 언어 학습

▶ 설레설레 흔들다: 고개를 좌우로 천천히 흔들어 부정하거나 거절의 뜻을 나타내는 행동

표현 익히기

▶ 숙제는 다하고 노는 거니?: 놀기 전에 할 일을 마쳤는지 확인하며 묻는 표현으로,

'다하고'는 어떤 일을 끝낸 상태를 나타내고, '~거니?'는 확인과 동시에 바람이나 기대를 담아 질문하는 말투다.

속담

▶ 산 넘어 산: 한 가지 어려운 일이나 문제가 해결되기도 전에 또 다른 일이나 문제가 계속해서 일어나는 상황을 비유적으로 이르는 말로, 동생이 다쳐서 혼난 다음 날에는 숙제 때문에 또 혼나는 등 준우에게 힘든 상황이 끊이지 않고 계속 닥친다.

관용어

▶ 가시방석에 앉다: 불편하고 곤란한 자리에 앉아 안절부절못하는 모습으로, 숙제를 하면 동생 다친 일로 혼나고, 동생을 돌보면 숙제를 안 했다고 혼나는 준우의 상황과 관련 있다.

생각을 여는 지도 Tip

"무엇을 먼저 해야 할지 몰라서 고민한 적이 있었니?" 또는 "열심히 했는데도 혼난 적이 있니?"처럼 아이가 상황 속 갈등과 감정을 떠올릴 수 있도록 질문해 보세요. 스스로 느낀 억울함이나 속상함을 표현하는 과정은 정서 조절에 도움이 되며, 여러 가지 일을 균형 있게 해결하려는 생각은 문제 해결 능력을 키우는 데도 중요합니다.

그림 탐색하기

그림을 보고 말해요

- 두 아이는 무엇을 하고 있나요?
- 동생의 표정을 보니 어떤 기분인 것 같나요?
- 어떤 형인 것 같나요?
- 누구와 함께 놀아 준 적이 있나요?

탐색하기 13

교육 활동 영역: 가족 관계, 정서 조절, 문제 해결

년 월 일 요일 이름: ____________

제목:

엄마와 아빠가 외출을 했어요. 준우는 동생 준영이와 놀고 있었어요. 외출에서 돌아온 아빠가 준우에게 물었어요.

"숙제는 다하고 노는 거니?"

준우는 고개를 설레설레 흔들었어요. 그러자 아빠는 화를 내며 말했어요.

"넌 학생이야! 숙제는 해 놓고 놀아야지!"

준우는 아무 말도 하지 못하고 눈물만 흘렸어요.

탐색하기 13

» 내가 찾은 중심 낱말은

입니다.

(노력: 1, 우수: 2, 최우수: 3)

» 이 글을 요약하면, 엄마와 아빠가 외출했을 때 ______는 동생과 놀았어요. 외출에서 돌아온 아빠는 ______를 하지 않고 놀기만 했다고 준우를 (혼냈어요./혼내지 않았어요.)

(노력: 1, 우수: 2, 최우수: 3)

» 준우는 왜 숙제를 하지 않고 동생과 놀았을까요? (　)

① 동생이 놀아 달라고 해서
② 숙제를 하기 싫어서
③ 동생이 혼자 놀다 다칠까 봐
④ 기타

» 엄마나 아빠가 (　)한테 화를 낸 적이 (있어요 ①/없어요 ②)

① ______________________________

② 만약 화를 낸다면 ______________________________ 것 같아요.

(노력: 1, 우수: 2, 최우수: 3)

» 어려운 일이 지나가도 또 다른 어려운 일이 계속 생긴다는 의미의 속담으로, 동생을 돌보지 않았다고 혼나고, 다음 날엔 숙제를 안 했다고 또 혼난 준우의 상황에 어울리는 말은 다음 중 어느 것인가요? (　)

① 산 넘어 산
② 원숭이도 나무에서 떨어진다
③ 꿩 대신 닭
④ 등잔 밑이 어둡다

총점:

탐색하기 14

교육 활동 영역

• 기본 생활 습관

정해진 시간에 해야 할 일을 지키는 습관은 책임감과 규칙적인 생활을 형성하는 데 중요합니다. 화빈이는 학습지 선생님이 오기 전이라는 약속된 일정을 지키지 않고 밖으로 나가려 합니다. 일상에서 해야 할 일의 우선순위를 이해하고 실천하는 태도를 기를 필요가 있습니다.

• 자기 조절 능력

놀고 싶은 욕구가 강해진 화빈이는 엄마의 말보다 자신의 감정을 우선시하여 행동합니다. 자기 조절 능력은 감정을 인식하고, 충동을 조절하며 상황에 맞게 행동하는 데 중요한 역할을 합니다. 스스로를 통제하고 참을 수 있는 힘을 기르는 것이 필요합니다.

• 문제 해결

화빈이는 갈등 상황에서 엄마와의 대화나 타협 대신 몰래 행동하는 방식으로 문제를 해결하려 합니다. 원하는 것과 해야 할 일 사이에서 조율할 수 있는 방법을 배우는 것이 중요합니다. 어른과의 대화, 약속 정하기 등 건설적인 방식으로 문제를 해결하는 경험이 필요합니다.

숨은 뜻 찾기

✕ 속담

▶ 꼬리가 길면 잡힌다: 나쁜 일이나 비밀 행동을 자꾸 반복하면 결국 들통나게 됨을 비유적으로 이르는 말로, 화빈이가 엄마 몰래 놀이터에 나간 비밀 행동이 결국

언젠가는 엄마에게 들통날 수 있다.

관용어

▶ 눈을 속이다: 남의 눈을 피해 몰래 어떤 행동을 하다. 엄마 몰래 나간 화빈이의 행동을 직접적으로 설명하는 표현이다.

▶ 쥐도 새도 모르게: 아무도 모르게 아주 조용하고 몰래 어떤 행동을 하는 모습을 뜻하며, 엄마가 모르게 살금살금 집 밖으로 나간 화빈이의 행동에 어울린다.

명언

▶ 진실을 말하면 아무것도 기억할 필요가 없다: 거짓말은 기억해야 할 게 많지만 진실은 언제나 그대로이기에 마음이 편하다. 화빈이처럼 몰래 행동한 뒤 불안해지기보다는 처음부터 솔직한 것이 낫다는 의미를 담고 있다.

생각을 여는 지도 Tip

"무언가 하고 싶었는데 참아야 했던 적이 있었니?" 또는 "하고 싶은 걸 참고 기다리는 건 왜 어려울까?"처럼 아이가 자신의 행동을 돌아볼 수 있도록 질문해 보세요. 충동을 조절하고 상황에 맞는 선택을 생각해 보는 경험은 자기 조절 능력과 문제 해결력을 기르는 데 도움이 되며, 일상의 약속을 지키는 습관을 만들어 줍니다.

그림 탐색하기

그림을 보고 말해요

- 이 친구는 어떤 표정을 짓고 있나요?
- 무엇을 하려는 모습처럼 보이나요?
- 왜 살금살금 걷고 있을까요?
- 뒤에 있는 어른은 무엇을 하고 있나요?

탐색하기 14

교육 활동 영역: 기본 생활 습관, 자기 조절 능력, 문제 해결

년 월 일 요일 이름: ___________

제목: _______________________________

아파트 베란다에서 내려다보니 놀이터에 아이들이 신나게 놀고 있었어요. 화빈이도 나가서 놀고 싶었어요.

"엄마, 잠깐만 놀이터에서 놀다 올게!"

그러나 엄마는 고개를 저었어요.

"안 돼! 학습지 선생님 오실 시간이야."

화빈이는 엄마 몰래 살금살금 현관문을 열고 밖으로 나갔어요.

탐색하기 14

» 내가 찾은 중심 낱말은

입니다.

(노력: 1, 우수: 2, 최우수: 3)

» 이 글을 요약하면, 베란다에서 보니 놀이터에 아이들이 (많았어요./적었어요.) 화빈이도 나가서 놀고 싶었어요. 그런데 엄마가 허락을 ________________. 그래서 몰래 집 (안/밖)으로 나갔어요.

(노력: 1, 우수: 2, 최우수: 3)

» 이제 화빈이에게 어떤 일이 일어날까요? (　　)

① 놀이터에서 신나게 논다　　② 엄마에게 혼난다
③ 금방 들어와서 들키지 않는다　　④ 기타

» 나는 엄마 말을 듣지 않고 내 마음대로 한 적이 (있어요 ①/없어요 ②)

① 언제 어떻게: ________________________________

② 나는 엄마 말을 항상 잘 ____________________________

(노력: 1, 우수: 2, 최우수: 3)

» 아무도 모르게 아주 조용하고 몰래 어떤 행동을 하는 모습을 표현한 관용어로, 엄마 모르게 살금살금 집 밖으로 나간 화빈이의 행동에 어울리는 말은 다음 중 어느 것인가요? (　　)

① 눈앞이 캄캄하다　　② 쥐도 새도 모르게
③ 가슴이 철렁하다　　④ 귀가 간지럽다

총점:

탐색하기 15

교육 활동 영역

• 사회 규칙

민지는 '혼자 있을 때는 문을 함부로 열지 말라'는 안전 수칙을 지키려는 행동을 보입니다. 하지만 사회 규칙은 상황에 따라 융통성을 갖고 적용할 필요가 있습니다. 따라서 규칙을 지키는 태도와 동시에, 그 상황에 맞는 판단력도 함께 길러야 합니다.

• 문제 해결

민지는 엄마와 할머니의 반응에 당황하지만, 자신의 행동에 이유가 있었음을 설명하려고 합니다. 상황에서 생긴 오해를 해소하기 위해 서로의 입장을 말하고 듣는 과정이 중요합니다. 갈등 상황에서 감정을 넘어서 이유를 밝히고 조율하는 해결 방법을 익혀야 합니다.

• 의사소통

민지는 엄마의 꾸중에 방어적으로 말하며 자신의 입장을 표현합니다. 상대방의 말에 귀 기울이고, 자신의 생각을 차분하게 말하는 태도는 원활한 의사소통의 핵심입니다. 오해가 생겼을 때 솔직하고 예의 있게 대화하는 능력을 기르는 것이 필요합니다.

숨은 뜻 찾기

✕ 기본 언어 학습

▶ 뾰로통하게: 기분이 상하거나 심술이 나서 삐친 듯한 표정을 짓는 모양

표현 익히기

▶ 엄마가 혼자 있을 때는 문을 함부로 열지 말라고 했잖아!: 이전에 들은 주의나 약속을 상기시키며 지키지 않았음을 지적할 때 쓰는 표현이다. '~말라고 했잖아!'는 이미 한 말을 다시 강조하며 지적하거나 다그칠 때 사용하는 말투로, 걱정이나 답답한 감정이 담겨 있다.

관용어

▶ 고지식하다: 융통성 없이 원칙만 따지는 태도로, 엄마 말을 그대로 받아들여 할머니가 와도 문을 안 연 민지의 행동을 표현한다.

생각을 여는 지도 Tip

"누군가가 화를 냈을 때 네 생각을 설명해 본 적이 있니?" 또는 "내 말이 맞다고 느낄 땐 어떻게 말하면 좋을까?"처럼 아이가 자신의 입장을 표현하는 상황을 떠올릴 수 있도록 질문해 보세요. 규칙을 상황에 맞게 이해하고, 오해를 풀기 위해 말로 설명해 보는 경험은 문제 해결력과 의사소통 능력을 기르는 데 도움이 됩니다.

그림 탐색하기

그림을 보고 말해요

- 이 할머니는 지금 무엇을 하고 있나요?
- 표정을 보니 어떤 기분일 것 같나요?
- 왜 걱정스러운 얼굴로 초인종을 누르고 있을까요?
- ○○는 누군가를 기다리거나 문 앞에서 서 있었던 적이 있나요?

탐색하기 15

교육 활동 영역: 사회 규칙, 문제 해결, 의사소통

년 월 일 요일 이름: ____________

제목: ________________________________

민지가 동화책을 읽고 있었어요. 그때 초인종이 울렸지만 민지는 계속 책만 읽었어요. 잠시 후, 외출했던 엄마가 할머니와 함께 들어왔어요. 엄마는 화난 목소리로 물었어요.

"할머니가 초인종을 누르셨다는데 문도 안 열고 뭐 했니?"

민지는 뾰로통하게 말했어요.

"엄마가 혼자 있을 때는 문을 함부로 열지 말라고 했잖아!"

탐색하기 15

» 내가 찾은 중심 낱말은

입니다.

(노력: 1, 우수: 2, 최우수: 3)

» 이 글을 요약하면, ________가 혼자 있을 때 ________이 울렸어요. 하지만 문을 열지 않아서 엄마한테 꾸중을 들었어요. 왜냐하면 ________가 오셨거든요.

(노력: 1, 우수: 2, 최우수: 3)

» 이제 엄마는 무엇이라고 대답할까요? (　　)

① 할머니는 열어 드렸어야지　　② 그래, 네 말이 맞다
③ 다음부터는 혼자 있어도 문을 열어 줘　　④ 기타

» 나는 집에 혼자 있어 본 적이 (있어요 ①/없어요 ②)

① ______________________________

② 만약 집에 혼자 있을 때 초인종이 울리면 문을 (열어요./안 열어요.)

(노력: 1, 우수: 2, 최우수: 3)

» 어떤 일의 한 면만 알고 다른 상황이나 전체를 제대로 이해하지 못하는 경우를 표현한 속담으로, 혼자 있을 땐 문을 열지 말라는 말만 기억하고 할머니가 온 상황까지는 생각하지 못한 민지의 행동에 어울리는 말은 다음 중 어느 것인가요? (　　)

① 소 잃고 외양간 고친다　　② 하나만 알고 둘은 모른다
③ 말 한마디에 천 냥 빚도 갚는다　　④ 아닌 밤중에 홍두깨

총점:

탐색하기 16

교육 활동 영역

• 문제 해결

하빈이는 엄마를 도우려다 실수로 수저를 쏟았지만, 상황을 어떻게 수습할지 생각해 보는 기회가 됩니다. 실수가 생겼을 때 당황하거나 회피하기보다는, 해결하려는 태도를 기르는 것이 중요합니다. 실수를 통해 문제 상황을 인식하고 대처하는 경험은 긍정적인 학습이 됩니다.

• 정서 조절

예기치 않은 실수에 하빈이는 놀라고 울상이 되며 감정을 조절하지 못합니다. 갑작스러운 상황에서도 감정을 다스리고 차분히 대응하는 연습이 필요합니다. 감정이 흔들릴 때 이를 인식하고 조절하는 능력을 통해 안정된 태도를 기를 수 있습니다.

• 자기 효능감

하빈이는 자발적으로 엄마를 돕겠다고 하며 자신감을 보였지만, 실수 이후 위축되는 모습을 보입니다. 작은 실수에도 좌절하지 않고, 다시 도전할 수 있도록 격려와 지지가 필요합니다. 실수 속에서도 '나는 할 수 있다'는 긍정적인 자기 인식을 유지하는 힘이 자기 효능감의 핵심입니다.

숨은 뜻 찾기

기본 언어 학습

▶ 쫘르르 쏟아지다: 물건들이 한꺼번에 빠르게 흩어져 내리는 소리나 모습

관용어

▶ 일을 만들다: 일부러 또는 실수로 어떤 문제나 소란스러운 상황을 일으키는 것을 이르는 말이다. 하빈이가 엄마를 도우려다 실수로 수저를 떨어뜨려 치워야 하는 상황, 즉 '일'을 더 만든 것에 대해 쓸 수 있는 표현이다.

명언

▶ 최선의 의도도 때로는 가장 나쁜 결과를 낳는다: 아무리 좋은 의도를 가지고 어떤 일을 시작했더라도, 예상치 못한 실수나 상황 때문에 결과가 좋지 않을 수 있음을 나타내는 말이다. 하빈이가 엄마를 돕겠다는 좋은 의도를 가졌지만, 실수로 수저를 떨어뜨리는 결과를 낳은 상황과 관련지어 생각해 볼 수 있는 말이다.

생각을 여는 지도 Tip

"도와주려다 실수한 적이 있었니?" 또는 "누군가 실수하면 너는 어떻게 할 거니?"처럼 아이가 상황을 떠올리며 생각을 나눌 수 있도록 질문해 보세요. 실수해도 괜찮다는 경험은 자기 효능감을 기르는 데 도움이 되며, 당황스러운 순간을 차분히 받아들이는 과정은 정서 조절과 문제 해결력 향상에도 중요합니다.

그림 탐색하기

그림을 보고 말해요

- 이 두 사람은 어디에 있는 것 같나요?
- 무엇을 하고 있는 장면인가요?
- 아이의 표정을 보니 어떤 기분일 것 같나요?
- 엄마는 어떤 기분일 것 같나요?

탐색하기 16

교육 활동 영역: 문제 해결, 정서 조절, 자기 효능감

년　　월　　일　　요일　이름: ____________

제목: ________________________________

엄마가 주방에서 식사 준비를 하고 있었어요. 하빈이가 말했어요.

"엄마, 내가 도와줄게."

엄마가 대답했어요.

"그럼 식탁에 수저 좀 놔 줄래?"

하빈이는 수저통을 들다가 그만 바닥에 떨어뜨렸어요. 숟가락과 젓가락이 바닥에 쫘르르 쏟아졌어요. 하빈이는 깜짝 놀라 울상이 되었고, 엄마도 놀라서 하빈이에게로 다가왔어요.

탐색하기 16

» 내가 찾은 중심 낱말은

입니다.

(노력: 1, 우수: 2, 최우수: 3)

» 이 글을 요약하면, ________는 엄마를 돕고 싶었어요. 그래서 식탁에 수저를 놓다가 ________을 바닥에 떨어뜨렸어요. 하빈이와 엄마는 깜짝 ________________.

(노력: 1, 우수: 2, 최우수: 3)

» 앞으로 또 하빈이가 엄마를 돕는다고 하면 엄마는 허락할까요? (　)

① 예　② 아니요　③ 기타

» 나는 엄마를 도와드린 적이 (있어요 ①/없어요 ②)

① ____

② 나는 엄마를 (돕고 싶어요./돕기 싫어요.)

왜냐하면 ____

(노력: 1, 우수: 2, 최우수: 3)

» 깜짝 놀라거나 당황해서 어떻게 해야 할지 모르는 상황을 표현한 관용어로, 수저통을 바닥에 쏟아 버린 하빈이가 울상을 지으며 놀란 모습에 어울리는 말은 다음 중 어느 것인가요? (　)

① 어깨를 으쓱하다　② 발 벗고 나서다

③ 귀가 간지럽다　④ 눈앞이 캄캄하다

총점:

탐색하기 17

교육 활동 영역

• 가족 관계

지호의 가족은 각자의 준비 방식과 속도로 인해 갈등이 생깁니다. 가족 간에는 서로를 이해하고 조율해야 할 순간이 자주 찾아오며, 그 속에서 관계의 유대감이 형성되기도 합니다. 갈등이 생겼을 때 서로 배려하며 소통하는 태도가 가족 관계를 더 건강하게 만듭니다.

• 정서 조절

아빠는 기다림에 대한 답답함을 참지 못하고 큰 소리로 감정을 표현합니다. 순간적인 감정이 격해질 때 이를 조절하고 침착하게 표현하는 것이 중요합니다. 감정을 인식하고 상대방에게 상처 주지 않도록 조심스럽게 전달하는 태도를 배울 수 있습니다.

• 의사소통

원활한 의사소통을 위해서는 상대의 상황을 고려하며 말하고, 경청하는 태도가 필요합니다. 상황에 따라 효과적으로 대화하는 능력은 갈등을 줄이고 관계를 개선하는 데 도움이 됩니다.

숨은 뜻 찾기

기본 언어 학습

▶ 대충하다: 꼼꼼하게 하지 않고 적당히 대강 하는 것

▶ 도대체: 상황이나 이유를 알 수 없어 답답하거나 화가 나서 강조할 때 쓰는 말

표현 익히기

▶ 거의 다 됐어요: 어떤 일이 거의 끝나 가고 있음을 알릴 때 쓰는 표현으로, '거의'는 아직 다 되지는 않았지만 대부분 이루어졌음을 뜻한다. 즉, 일이 마무리 단계에 있음을 전달하는 말이다.

속담

▶ 작은 불씨가 큰 화를 부른다: 별것 아닌 일처럼 보여도 참지 않으면 큰 다툼이나 문제로 번질 수 있다. 단순한 기다림이 결국 아빠의 화로 이어진 상황이다.

명언

▶ 성급한 마음은 모든 것을 망친다: 너무 서두르거나 조급해하면 일을 그르치게 됨을 경고하는 말이다. 엄마를 기다리는데 성급한 마음을 내어 아빠가 화를 내고 결국 즐거워야 할 외출 분위기를 망쳐 버린 상황이다.

생각을 여는 지도 Tip

"누군가를 기다리는 일이 있었니?" 또는 "기다리는 사람이 있을 때는 어떻게 해야 좋을까?"처럼 아이가 상황을 떠올리거나 생각을 나눌 수 있도록 질문해 보세요. 감정을 배려 있는 말로 표현하는 연습은 정서 조절과 의사소통 능력을 기르는 데 도움이 됩니다.

그림 탐색하기

그림을 보고 말해요

- 엄마는 지금 무엇을 하고 있나요?
- 거울 앞에서 준비하는 이유는 무엇일까요?
- ○○도 외출하기 전에 준비해 본 적이 있나요? 어떤 기분이었나요?
- 스스로를 가꾸는 일은 왜 중요할까요?

탐색하기 17

교육 활동 영역: 가족 관계, 정서 조절, 의사소통

년 월 일 요일 이름: ____________

제목: ______________________

오늘은 가족 사진을 찍으러 가는 날이에요. 지호와 아빠는 소파에 앉아 엄마를 기다리고 있어요. 아빠가 말했어요.

"늦었어! 대충하고 나와."

엄마가 대답했어요.

"조금만 기다려요. 거의 다 됐어요."

그런데 시간이 지나도 엄마는 나오지 않았어요.

"도대체 뭐 하는 거야?"

아빠가 안방을 향해 버럭 소리쳤어요.

탐색하기 17

» 내가 찾은 중심 낱말은

입니다.

(노력: 1, 우수: 2, 최우수: 3)

» 이 글을 요약하면, 사진관에 가려고 지호와 _____가 _____를 기다리고 있었어요. _____가 _____에게 빨리 나오라고 했지만 _____가 나오지 않아 _____가 큰소리를 냈어요.

(노력: 1, 우수: 2, 최우수: 3)

» 지호네 가족은 사진관에 갈 수 있을까요? (　)

① 간다　② 못 간다　③ 지호와 아빠만 간다　④ 기타

» 나는 누군가를 기다리게 한 적이 (있어요 ①/없어요 ②)

① ______________________________

② 누군가가 나를 기다리게 하면 나는 ______________________________

(노력: 1, 우수: 2, 최우수: 3)

» 화를 참고 있다가 점점 쌓여서 폭발할 듯한 상태가 되는 것을 표현한 관용어로, 가족사진을 찍으러 가야 하는데 늦게 나오는 엄마에게 결국 화를 내고 만 아빠의 모습에 어울리는 말은 다음 중 어느 것인가요? (　)

① 엉덩이가 무겁다　② 울화통이 터지다
③ 손이 발이 되도록 빌다　④ 머리를 식히다

총점:

탐색하기 18

교육 활동 영역

• 가족 관계

엄마는 놀이 속에서 아이와 소통하고, 아빠는 유쾌하게 분위기를 이끄는 모습에서 가족 간의 유대감이 드러납니다. 서로를 존중하고 함께 시간을 보내는 경험은 긍정적인 가족 관계를 형성하는 데 큰 도움이 됩니다.

• 인지 발달

엄마는 일상 속 대화를 통해 수 개념과 관찰력 등 기초적인 인지 능력을 발달시키고자 합니다. 하지만 지아의 입장에서 엄마가 산책 중에도 계속 질문을 던지는 상황은 인지 발달보다는 약간의 부담감이 될 수도 있습니다.

• 정서 조절

아빠의 손을 꼭 잡는 행동은 아이가 보호받고 있다는 느낌을 받는 안정된 정서 상태를 보여 줍니다. 안정적인 애착 관계는 아이의 전반적인 정서 조절 능력의 기반이 됩니다.

숨은 뜻 찾기

표현 익히기

▶ 저기 자전거가 몇 대일까?: 눈에 보이는 것을 보고 수량을 추측하거나 궁금해할 때 쓰는 표현이다. '몇 대일까?'는 수를 세거나 확인하고 싶을 때 사용하는 말투로, 호기심과 관찰하는 태도를 담고 있다.

▶ 그만 좀 해! 공부하러 나온 거야?: 지금 하는 행동을 멈추고 본래의 목적에 집중하라는 표현이다. '그만 좀 해!'는 반복되는 행동을 멈추라는 강한 요청이고, '~하러

나온 거야?'는 행동의 목적을 되짚으며 스스로 돌아보게 하는 말투다.

관용어

- 눈빛만 봐도 안다: 서로를 깊이 이해하고 있는 관계로, 장난 섞인 아빠의 말과 그에 반응하는 가족 분위기에서 드러난다.

명언

- 행복은 멀리 있는 것이 아니라 우리 집 안에 있다: 행복은 외부의 화려함이나 먼 곳에 있는 것이 아니라, 사랑하는 가족과 함께하는 평범하고 소소한 일상 속에 있다는 의미다. 지아네 가족이 공원에서 함께 시간을 보내는 것처럼, 일상 속 가족과의 순간이 가장 큰 행복임을 나타낼 때 사용할 수 있는 말이다.

생각을 여는 지도 Tip

"너는 놀면서 공부하는 게 좋아, 아니면 공부 따로 놀이 따로 하는 게 좋아?" "이야기에서 지아 엄마는 어느 쪽인 것 같아? 지아 아빠는?"처럼 아이가 자신의 생각을 말하고 인물의 행동을 비교해 볼 수 있도록 질문해 보세요. 가족과 주고받는 적절한 대화는 인지 발달에 도움이 되며, 서로를 이해하는 과정은 정서 조절에 긍정적인 영향을 줍니다.

그림 탐색하기

그림을 보고 말해요

- 이 친구는 어떤 표정을 짓고 있나요?
- 머리 위에 떠 있는 기호들은 무엇을 뜻하나요?
- 어떤 문제를 고민하고 있는 것 같나요?
- ○○도 수학 문제나 계산이 어려웠던 적이 있나요?

탐색하기 18

교육 활동 영역: 가족 관계, 인지 발달, 정서 조절

년　월　일　요일 이름: ____________

제목:

지아는 엄마, 아빠와 함께 공원에 갔어요.

"저기 자전거가 몇 대일까?"

엄마가 지아에게 물었어요.

"다섯 대?"

지아가 대답했어요.

"잘했어! 이번에는 음…… 저기 벤치에 앉은 사람은 모두 몇 명일까?"

엄마가 다시 물었어요. 그러자 아빠가 웃으며 말했어요.

"그만 좀 해! 공부하러 나온 거야?"

지아는 아빠의 손을 꼭 잡았어요.

탐색하기 18

» 내가 찾은 중심 낱말은

입니다.

(노력: 1, 우수: 2, 최우수: 3)

» 이 글을 요약하면, ________는 엄마, 아빠와 함께 ________에 갔어요. ________가 자꾸 지아에게 ________ 공부를 시키려고 하자 ________가 그만하라고 했어요.

(노력: 1, 우수: 2, 최우수: 3)

» 아빠는 엄마에게 왜 그만하라고 했을까요? ( )

① 지아가 힘들어 보여서
② 자꾸 묻는 게 싫어서
③ 산책하러 나온 거여서
④ 공부 시간이 아니어서

» 공부할 때 주로 누가 도와주나요?

» 어려운 문제가 생기면 누구에게 물어보나요?

(노력: 1, 우수: 2, 최우수: 3)

» 어린 자녀가 너무 사랑스럽고 예뻐서 무슨 행동을 해도 미워할 수 없다는 마음을 표현한 관용어로, 지아를 사랑하는 엄마와 아빠의 마음에 어울리는 말은 다음 중 어느 것인가요? ( )

① 하늘 높은 줄 모른다
② 입이 짧다
③ 귀가 얇다
④ 눈에 넣어도 아프지 않다

총점:

탐색하기 19

교육 활동 영역

• 정서 조절

현아는 예상치 못한 상황에 당황하여 적절하게 대처하지 못합니다. 감정이 격해지기 전 차분하게 말하거나 행동으로 조율하는 연습이 필요합니다.

• 의사소통

엄마와 현아 사이에 말은 오갔지만, 제대로 된 상호작용은 이루어지지 않았습니다. '응'이라는 대답만으로는 요청에 응답했다고 보기 어렵고, 행동으로 옮기는 실천이 필요합니다. 말뿐 아니라 의사소통의 목적과 의미를 이해하고 적절하게 반응하는 태도가 중요합니다.

• 기본 생활 습관

부모의 부탁에 즉시 반응하고 간단한 심부름을 책임감 있게 수행하는 것은 일상 속 기본 생활 습관의 하나입니다.

숨은 뜻 찾기

기본 언어 학습

▶ 멀뚱멀뚱 쳐다보다: 놀라거나 어리둥절해서 멍한 표정으로 바라보는 것

속담

▶ 쇠귀에 경 읽기: 아무리 가르치고 일러 주어도 알아듣지 못하는 어리석고 미련한 사람에게는 아무리 좋은 말을 해 주어도 소용이 없다는 뜻이다. 엄마가 현아에게 거듭 부탁해도 현아가 전혀 귀담아듣지 않고 자기 할 일만 하는 모습이 마치 소에

게 경을 읽어 주는 것처럼 아무런 효과가 없는 상황임을 비유할 수 있다.

관용어

▶ 귓등으로 듣다: 상대의 말을 흘려듣고 제대로 받아들이지 않는 태도로, 현아가 처음 엄마의 말을 듣고도 행동하지 않은 태도를 표현할 수 있다.

명언

▶ 다른 사람의 말을 잘 들어 주는 사람은 파도를 일으키지 않는 조용한 바다와 같다: 잘 듣는 태도는 갈등 없이 평화로운 관계를 만드는 데 도움이 된다는 의미다. 엄마의 말을 무시하거나 형식적으로만 반응하는 현아의 모습과 달리, 귀 기울여 듣는 태도가 가족 간 평화를 지키는 데 얼마나 중요한지를 보여 줄 때 사용할 수 있다.

생각을 여는 지도 Tip

"부모님이 무언가 부탁했을 때 못 들은 척한 적이 있니?" 또는 "부탁을 들었을 땐 어떻게 행동하면 좋을까?"처럼 아이가 자신의 경험과 태도를 돌아볼 수 있도록 질문해 보세요. 말에 바로 반응하고 행동하는 습관은 기본 생활 습관을 기르는 데 도움이 되며, 감정을 부드럽게 표현하는 습관은 정서 조절과 의사소통 능력을 함께 키워 줍니다.

그림 탐색하기

그림을 보고 말해요

- 엄마는 지금 어디에 있나요?
- 엄마는 무슨 일을 하던 중일까요?
- 어떤 표정을 짓고 있나요? 왜 그렇게 화가 났을까요?
- 엄마는 누구를 부르는 걸까요?

탐색하기 19

교육 활동 영역: 정서 조절, 의사소통, 기본 생활 습관

년 월 일 요일 이름: ____________

제목: ________________

"현아야, 식탁 위에 있는 휴지 좀 가져다줄래?"

베란다에서 엄마가 말했어요. 하지만 현아는 대답도 하지 않고 텔레비전만 계속 봤어요. 엄마가 다시 소리쳤어요.

"현아야! 휴지 좀 줘!"

현아는 "응." 하고 대답만 했어요. 잠시 후, 엄마는 화난 얼굴로 들어와 텔레비전을 꺼 버렸어요. 현아는 놀란 눈으로 엄마를 멀뚱멀뚱 쳐다봤어요.

탐색하기 19

≫ 내가 찾은 중심 낱말은

입니다.

(노력: 1, 우수: 2, 최우수: 3)

≫ 이 글을 요약하면, 엄마는 현아에게 ________를 달라고 했어요. 하지만 현아는 ________을 보느라 엄마 말을 듣지 않았어요. 그래서 엄마가 ______________.

(노력: 1, 우수: 2, 최우수: 3)

≫ 이제 엄마는 어떻게 할 것 같나요? (   )

① 현아를 혼낸다
② 현아를 벌세운다
③ 앞으로 텔레비전을 못 보게 한다
④ 기타

≫ 현아는 대답해 놓고 왜 엄마의 심부름을 하지 않고 계속 텔레비전만 보고 있을까요?

(노력: 1, 우수: 2, 최우수: 3)

≫ 다른 사람의 말을 중요하게 여기지 않고 무시하듯 건성으로 듣는 태도를 표현한 관용어로, 엄마의 부탁을 듣고도 행동하지 않고 텔레비전만 본 현아의 모습에 어울리는 말은 다음 중 어느 것인가요? (   )

① 귀를 기울이다
② 귓등으로 듣다
③ 귀가 번쩍 뜨이다
④ 귀가 간지럽다

총점:

탐색하기 20

교육 활동 영역

• 정서 조절

소윤이는 발표를 앞두고 긴장과 불안을 강하게 느끼지만, 심호흡을 하며 감정을 차분히 가라앉히려 노력합니다. 두려움을 억누르기보다 인식하고 조절하는 모습은 정서적으로 성숙해지는 과정의 한 모습입니다.

• 자아 존중감

소윤이의 도전과 극복의 경험은 자기 자신을 긍정적으로 바라보는 데 큰 힘이 됩니다. 스스로를 믿고 인정하는 마음은 자아 존중감을 높이는 데 중요한 밑거름이 됩니다.

• 문제 해결

긴장되고 막막한 상황에서도 소윤이는 멈추지 않고 심호흡을 통해 스스로 문제를 극복하려는 전략을 사용합니다. 발표 공포나 불안 같은 감정은 누구에게나 생길 수 있지만, 그 상황을 어떻게 다루느냐가 중요합니다. 어려운 순간에 침착하게 자신만의 방법으로 해결하는 태도는 문제 해결 능력을 키워 주는 좋은 경험이 됩니다.

숨은 뜻 찾기

기본 언어 학습

▶ 심호흡하다: 깊게 숨을 들이쉬고 내쉬는 것

▶ 숨이 컥컥 막히다: 긴장하거나 당황해서 숨쉬기가 힘든 느낌이 드는 것

▶ 머릿속이 하얘지다: 놀라거나 긴장해서 아무 생각이 나지 않는 상태가 되는 것

속담

- 시작이 반이다: 어떤 일이든 시작만 해도 절반은 이룬 것이나 다름없다는 말로, 긴장 속에서도 발표를 시작한 소윤이의 첫걸음에 어울리는 표현이다.

명언

- 용기는 두려움이 없는 것이 아니라, 두려움을 이겨 내는 것이다: 진정한 용기는 무서움을 전혀 느끼지 않는 상태가 아니라, 무서움을 느끼더라도 그것을 극복하고 앞으로 나아가는 힘이라는 뜻이다. 소윤이가 발표 전에 심장이 쿵쾅거릴 만큼 떨렸지만, 그 두려움을 이겨 내고 발표를 시작하고 잘 마친 것은 바로 이 명언이 말하는 '용기'라고 할 수 있으므로 떨리는 마음 자체보다 그것을 극복하려는 노력이 더 중요하다.

생각을 여는 지도 Tip

"사람들 앞에 서서 발표할 때 어떤 기분이 들었니?" 또는 "떨리거나 긴장될 땐 어떻게 하면 좀 나아질까?"처럼 아이가 발표 상황을 떠올리며 말할 수 있도록 질문해 보세요. 긴장을 조절하고 끝까지 해내는 경험은 자아 존중감을 키우는 데 도움이 되며, 어려운 상황을 스스로 이겨 내는 힘은 문제 해결 능력도 길러 줍니다.

그림 탐색하기

그림을 보고 말해요

- 이 친구는 어디에 있는 것 같나요?
- 무슨 활동을 하고 있는 중일까요?
- 발표할 때 어떤 마음이 드나요?
- ○○는 사람들 앞에서 말해 본 적이 있나요?

탐색하기 20

교육 활동 영역: 정서 조절, 자아 존중감, 문제 해결

년 월 일 요일 이름: ____________

제목: ______________________

선생님이 말했어요.

"여러분, 오늘은 소윤이가 발표할 차례예요."

소윤이는 앞으로 나가 친구들을 둘러보았어요. 그 순간 심장이 쿵쾅쿵쾅 뛰고, 얼굴이 화끈거렸어요. 또 머릿속은 텅 비어 아무 생각도 나지 않았죠. 하지만 소윤이는 심호흡을 한 번 한 후, 준비한 발표를 시작했어요.

"오늘 제가 발표할 주제는 우리 동네입니다. 우리 동네에는 행주산성이……."

발표를 마치자 친구들이 우르르 박수를 쳤어요.

탐색하기 20

» 내가 찾은 중심 낱말은

입니다.

(노력: 1, 우수: 2, 최우수: 3)

» 이 글을 요약하면, 소윤이는 ____________ 를 할 차례가 되자 아주 많이 (떨렸어요./떨리지 않았어요.) 하지만 발표를 아주 (잘해서/망쳐서) 박수를 받았답니다.

(노력: 1, 우수: 2, 최우수: 3)

» 발표를 마친 후 친구들의 박수를 받았을 때 소윤이 기분은 어땠을까요? (   )

① 후련했다 ② 뿌듯했다 ③ 홀가분했다 ④ 기타

» 나는 발표를 해 본 적이 (있어요 ①/없어요 ②)

① ________________________ 에서 발표를 할 때 (떨렸어요./떨리지 않았어요.)

② 발표를 하면 (떨릴 것 같아요./떨리지 않을 것 같아요.)

(노력: 1, 우수: 2, 최우수: 3)

» 어떤 일이든 시작이 가장 어렵고, 일단 시작하면 절반은 한 것이나 다름없다는 의미의 속담으로, 발표 전에 긴장했지만 용기 내어 발표를 시작하자 마무리까지 잘 해낸 소윤이의 모습에 어울리는 말은 다음 중 어느 것인가요? (   )

① 작은 고추가 맵다 ② 말보다 행동이 앞서야 한다
③ 시작이 반이다 ④ 약방에 감초

총점:

탐색하기 21

교육 활동 영역

• 정서 조절

아빠는 고함과 욕설로 감정을 표출하지만, 엄마의 눈짓을 통해 아이 앞에서 감정을 조절하려고 합니다. 감정이 격해진 상황에서도 주변을 인식하고 스스로를 다스리는 태도가 필요합니다. 감정 표현은 자유로울 수 있지만, 상황과 방법을 조절하는 능력이 중요함을 보여 줍니다.

• 모델링

아이들은 부모의 말과 행동을 관찰하고 자연스럽게 따라 배우기 때문에, 어른의 감정 표현 방식은 아이에게 직접적인 영향을 줍니다. 아빠의 행동은 아이에게 부정적인 언어 사용을 학습하게 만들 수 있고, 반대로 엄마의 제지는 아이에게 적절한 태도의 기준을 제시합니다. 어른의 행동이 아이에게 중요한 역할 모델이 됨을 보여 주는 장면입니다.

• 사회 규칙

운전 중의 예절은 사회 규칙의 일환으로, 서로에 대한 존중이 바탕이 되어야 합니다. 감정이 격해졌다고 해도 욕설이나 위협적인 행동은 옳지 않다는 것을 배울 수 있는 상황입니다.

숨은 뜻 찾기

✕ 기본 언어 학습

▶ 눈짓을 보내다: 말 대신 눈으로 신호를 보내는 것

속담

▶ 자식 이기는 부모 없다: 아무리 화가 나고 감정이 격해져도 결국 자식을 생각하며 참는 것이 부모라는 의미다. 이 글에서는 엄마가 아이를 위해 아빠의 행동을 멈추게 하고 아빠는 자식을 위해 자신의 감정을 조절하고 인내하는 모습을 볼 수 있다.

관용어

▶ 화를 삭이다: 분노가 치밀어 오르지만 참고 억누르는 태도로, 욕을 멈추고 창문을 올린 아빠의 행동을 표현할 수 있다.

명언

▶ 자녀는 부모의 등을 보고 자란다: 말보다 행동이 더 큰 교육이라는 의미다. 아이 앞에서 자제하려는 부모의 모습을 통해 자녀는 삶의 태도를 배운다는 점을 강조할 때 적절하다.

생각을 여는 지도 Tip

"너는 욕을 해 본 적 있니?" 또는 "이야기 속의 아빠는 욕을 하다가 왜 갑자기 멈췄니?"처럼 아이가 자신의 경험을 돌아보고 인물의 행동을 생각해 볼 수 있도록 질문해 보세요. 아이는 어른이 감정을 참는 모습을 보며 말과 행동을 조절하는 법을 배우게 되고, 이러한 관찰은 정서 조절과 사회 규칙을 이해하는 데 도움이 됩니다.

그림 탐색하기

그림을 보고 말해요

- 이곳은 어떤 장소인가요?
- 어떤 색깔의 차들이 보이나요?
- 도로 위 차들은 어느 방향으로 달리고 있나요?
- 고속도로를 달리는 차를 타 본 적이 있나요?

탐색하기 21

교육 활동 영역: 정서 조절, 모델링, 사회 규칙

년 월 일 요일 이름: ____________

제목: ______________________________

아빠가 운전하는 차를 타고 할머니 댁에 가고 있었어요. 그런데 아빠가 갑자기 운전석 창문을 내리더니 옆 차를 향해 고함을 질렀어요.

"야! 너! 운전을 그따위로……."

아빠는 아주 나쁜 욕을 했어요.

"그만해요."

엄마는 뒷좌석에 앉아 있는 나를 가리키며 눈짓을 보냈어요. 그러자 아빠는 욕을 멈추고 씩씩거리며 창문을 올렸어요.

탐색하기 21

» 내가 찾은 중심 낱말은

입니다.

(노력: 1, 우수: 2, 최우수: 3)

» 이 글을 요약하면, ______을 하시던 아빠가 고함을 지르며 욕을 했어요. ______가 그만하라고 하자 아빠는 (멈췄어요./계속했어요.)

(노력: 1, 우수: 2, 최우수: 3)

» 아빠는 왜 옆 차를 향해 욕을 했을까요? (   )

① 기분 나쁜 일이 있어서
② 옆의 차가 운전을 못해서
③ 옆 차의 운전자한테 화가 나서
④ 위험한 상황이 발생해서

» 나는 욕을 해 본 적이 (있어요 ①/없어요 ②)

① ______________________________

② 욕을 하면 ______________________________

(노력: 1, 우수: 2, 최우수: 3)

» 아무리 화가 나도 자식 앞에서는 마음이 약해지고 행동을 조심하게 되는 부모의 마음을 표현한 속담으로, 운전 중에 화를 내던 아빠가 엄마의 눈짓에 아이를 의식하고 행동을 멈춘 상황에 어울리는 말은 다음 중 어느 것인가요? (   )

① 호랑이도 제 말 하면 온다
② 원숭이도 나무에서 떨어진다
③ 도둑이 제 발 저리다
④ 자식 이기는 부모 없다

총점:

탐색하기 22

교육 활동 영역

• 정서 조절

세영이는 원하는 것이 받아들여지지 않자 고집을 부립니다. 감정이 올라올 때 이를 조절하고, 상대의 말도 들으며 상황에 맞는 반응을 하는 연습이 필요합니다. 자기 감정을 조절하는 능력은 관계 유지와 상황 대처에 중요한 역할을 합니다.

• 문제 해결

엄마의 제안과 세영이의 욕구가 충돌하는 상황에서, 서로의 입장을 고려하고 해결책을 찾는 태도가 필요합니다. 이 과정에서 대화를 통한 조율의 중요함을 배울 수 있습니다.

• 자기 조절 능력

세영이는 '지금 당장 하고 싶은 것'과 '해야 할 일' 사이의 균형을 조절하는 연습이 필요합니다. 자기 조절 능력은 일상생활에서 충동을 관리하고, 상황에 맞는 행동을 선택하는 데 중요한 역할을 합니다.

숨은 뜻 찾기

기본 언어 학습

▶ 거들다: 다른 사람의 말이나 행동을 옆에서 도와주거나 덧붙이는 것

▶ 아쉬운 표정을 짓다: 서운하거나 만족스럽지 않을 때 얼굴에 드러나는 표정

속담

▶ 쇠고집과 닭고집이다: 소처럼 아주 고집이 세고 완고한 성격과 닭처럼 옹졸하면서도 끈질긴 고집을 말한다. 세영이가 엄마와 사촌 언니의 말에도 아랑곳하지 않

고 자기 뜻을 굽히지 않고 끈질기게 버틴 모습에서 고집 센 성격을 엿볼 수 있다.

관용어

▶ 벽창호(碧昌호) 같다: 성질이 답답하고 고집이 세어 말이 통하지 않는 사람을 비유적으로 이르는 말이다. 떡을 먹고 나가라는 엄마와 언니의 합리적인 제안에도 전혀 귀담아듣지 않고 고집을 꺾지 않은 세영이의 답답한 모습과 연결된다.

명언

▶ 불가능한 것을 가지려 고집하면 가능한 것까지도 거부당한다: 이루기 어려운 것을 끝까지 고집하면, 정작 손에 넣을 수 있었던 것마저 잃게 된다는 의미다. 잠시만 기다렸다면 떡도 먹고 언니와 놀 수 있었지만, 고집을 부리는 바람에 결국 아무것도 얻지 못한 세영이의 상황과 연결된다.

생각을 여는 지도 Tip

"지금 당장 하고 싶은 게 있는데 못할 때 어떤 기분이니?" 또는 "이야기 속 세영이는 왜 언니와 놀지 못했을까?"처럼 아이가 자신의 경험을 떠올리거나 인물의 상황을 돌아볼 수 있도록 질문해 보세요. 감정을 조절하고 상황을 다르게 선택해 보는 연습은 자기 조절 능력과 문제 해결력을 기르는 데 도움이 됩니다.

그림 탐색하기

그림을 보고 말해요

- 이 친구는 어떤 표정을 짓고 있나요?
- 손가락으로 무엇을 가리키고 있는 것 같나요?
- 왜 이렇게 화가 나 보일까요?
- 누구에게 화를 내는 걸까요?

탐색하기 22

교육 활동 영역: 정서 조절, 문제 해결, 자기 조절 능력

년 월 일 요일 이름: ____________

제목: ______________________________

사촌 언니가 집에 놀러 왔어요. 엄마가 떡을 내주었어요. 세영이는 "놀고 와서 먹을래!"라고 말했어요. 언니와 빨리 놀이터에 가고 싶었거든요. 그러나 엄마는 안 된다고 했어요.

"먹고 나가서 놀아!"

언니도 옆에서 거들었어요.

"그래, 먹고 나가자."

그러나 세영이는 고개를 저으며 고집부렸어요.

"싫어! 지금 나갈래!"

결국 사촌 언니는 아쉬운 표정을 지으며 집으로 돌아갔어요.

탐색하기 22

» 내가 찾은 중심 낱말은

입니다.

(노력: 1, 우수: 2, 최우수: 3)

» 이 글을 요약하면, 엄마가 ________ 을 먹고 나가라고 했지만 세영이는 싫다고 떼를 썼어요. 결국 ________ 언니는 집으로 돌아갔어요.

(노력: 1, 우수: 2, 최우수: 3)

» 세영이가 고집을 부려서 어떻게 되었나요? (　)

① 떡을 먹고 놀이터에 갔다
② 사촌 언니와 놀이터에 갔다
③ 떡을 먹지 않고 놀이터에 갔다
④ 사촌 언니가 돌아갔다

» 나는 떼를 써 본 적이 (있어요 ①/없어요 ②)

① ________________________________

② 떼를 쓰면 ________________________________

(노력: 1, 우수: 2, 최우수: 3)

» 아무리 말해도 듣지 않고 고집이 심한 사람을 표현한 관용어로, 모두가 말리는 상황에서도 끝까지 자신의 뜻을 꺾지 않은 세영이의 행동에 어울리는 말은 다음 중 어느 것인가요? (　)

① 눈앞이 캄캄하다　② 손발이 맞다　③ 입이 무겁다　④ 벽창호 같다

총점:

탐색하기 23

교육 활동 영역

• 정서 조절

지호는 장난으로 시작된 상황이 혼나는 결과로 이어지자 억울함과 분노를 느끼며 감정을 제대로 조절하지 못하고 동생에게 화풀이합니다. 자신의 감정을 인식하고 상황에 맞게 표현하는 연습이 필요합니다. 감정이 격해질 때 차분히 말하거나 행동을 멈추는 조절 능력이 중요합니다.

• 공감 능력

지호는 동생의 감정보다는 자신의 억울한 감정에만 집중하며, 수호의 입장을 이해하지 못합니다. 상대가 왜 울었는지, 어떤 기분이었을지를 생각해 보는 공감적 사고가 부족한 상황입니다. 상대의 감정을 헤아리고, 장난이라도 그로 인해 생기는 영향을 이해하는 태도를 배울 필요가 있습니다.

• 가족 관계

형제 사이의 갈등은 가족 내에서 자주 발생할 수 있으며, 이런 경험 속에서 서로를 이해하고 조율하는 과정이 중요합니다. 어른의 개입이 오해로 이어질 때, 아이가 느끼는 서운함과 소외감도 관계 형성에 영향을 줄 수 있습니다. 가족 구성원 간의 올바른 소통과 감정 교류는 건강한 가족 관계의 핵심입니다.

숨은 뜻 찾기

기본 언어 학습

▶ 시무룩한 목소리: 기분이 상해 말투에 활기가 없고 풀이 죽은 듯한 말소리

▶ 쥐어박다: 손으로 거칠게 머리를 때리는 행동

✕ 속담

▶ 아홉 살 먹을 때까진 아홉 동네에서 미움을 받는다: 어릴 때 버릇없이 굴거나 남에게 폐를 끼치는 장난꾸러기 아이가 여기저기서 미움을 사게 된다는 뜻이다. 지호가 동생에게 물을 뿌려 울게 하고, 엄마에게 혼난 뒤 동생에게 화풀이하며 머리를 쥐어박는 행동은 주변 사람(여기서는 동생과 엄마)에게 미움을 살 수 있는 행동이다.

✕ 관용어

▶ 장난이 도를 넘다: 웃고 넘길 수 있는 선을 넘어 상대에게 불쾌감을 주는 장난을 나타내는 표현으로, 지호가 수호 얼굴에 물을 뿌리고 머리를 때리는 행동에 어울린다.

생각을 여는 지도 Tip

"장난이었는데 혼난 적이 있었니?" 또는 "이야기 속 지호는 왜 수호에게 화를 냈을까?" 처럼 아이가 자신의 경험과 인물의 감정을 돌아볼 수 있도록 질문해 보세요. 감정을 다치지 않게 표현하고 상대의 입장을 생각해 보는 연습은 정서 조절과 공감 능력을 기르는 데 도움이 되며, 가족 간의 관계를 더 건강하게 만드는 데도 중요합니다.

그림 탐색하기

그림을 보고 말해요

- 이 친구는 어디에 있는 것 같나요?
- 표정을 보니 어떤 기분인 것 같나요?
- 왜 이렇게 화가 나 있는 걸까요?
- ○○도 이런 표정을 지었던 적이 있나요?

탐색하기 23

교육 활동 영역: 정서 조절, 공감 능력, 가족 관계

년 월 일 요일 이름: ____________

제목: ________________________________

지호와 수호는 목욕을 하고 있었어요. 지호가 수호의 얼굴에 물을 뿌리자 수호가 "으앙!" 하고 울었어요. 엄마가 욕실 문을 열고 꾸짖었어요.

"동생을 왜 울려?"

지호가 시무룩한 목소리로 대답했어요.

"그냥 장난 좀 친 건데……."

엄마가 문을 닫자, 지호는 수호의 머리를 쥐어박으며 소리쳤어요.

"너 때문에 나만 혼났잖아!"

탐색하기 23

» 내가 찾은 중심 낱말은

입니다.

(노력: 1, 우수: 2, 최우수: 3)

» 이 글을 요약하면, 지호가 수호에게 (물을 줬어요./물을 뿌렸어요.) 엄마가 지호를 혼내자 지호는 기분이 (나빠서/좋아서) 수호를 쥐어박았어요.

(노력: 1, 우수: 2, 최우수: 3)

» 지호는 왜 엄마한테 혼났나요? (　)

① 수호가 울어서　② 수호의 얼굴에 물을 뿌려서
③ 수호한테 장난을 쳐서　④ 기타

» 나는 엄마한테 혼난 적이 (있어요 ①/없어요 ②)

① ______________________________ 혼났어요.

② 만약 혼나게 되면 기분이 ______________________ 같아요.

(노력: 1, 우수: 2, 최우수: 3)

» 마음속에서 화가 치밀어 오르는 상태를 표현한 관용어로, 장난으로 했던 일이었는데 자신만 혼나자 동생에게 짜증을 낸 지호의 모습에 어울리는 말은 다음 중 어느 것인가요? (　)

① 분통이 터지다　② 어깨가 으쓱하다　③ 발 벗고 나서다　④ 입을 모으다

총점:

탐색하기 24

교육 활동 영역

• 사회 규칙

시험 시간에 타인과의 접촉은 오해를 불러일으킬 수 있습니다. 성재는 도와주려는 선한 의도로 행동했지만, 규칙을 어긴 것처럼 보이는 상황이 생겼습니다. 상황에 따라 규칙을 어떻게 적용하고 해석해야 하는지에 대한 이해가 필요합니다.

• 문제 해결

성재의 행동이 결과적으로는 오해를 사게 되었지만, 상황을 인식하고 행동한 점에서 문제 해결 능력을 발휘한 것입니다. 앞으로는 선생님께 조용히 알리는 등 더 나은 해결 방법을 고민할 수 있습니다.

• 공감 능력

성재는 친구의 어려움을 자기 일처럼 느끼고 도와주려 합니다. 타인의 입장에서 생각하고 배려하는 공감 능력이 자연스럽게 드러난 장면입니다. 규칙 속에서도 따뜻한 마음을 잃지 않는 태도는 중요한 사회적 기술입니다.

숨은 뜻 찾기

✕ 기본 언어 학습

▶ 부정행위: 규칙을 어기고 정당하지 않은 방법으로 시험이나 일을 처리하는 것

✕ 속담

▶ 까마귀 날자 배 떨어진다: 아무 관계도 없는 일인데 우연히 때가 같아 오해를 받게 됨을 비유적으로 이르는 말이다. 성재가 예나의 등을 두드린 행동과 선생님

께서 그 순간을 목격한 우연이 겹쳐서, 성재의 좋은 행동이 부정행위로 오해받은 상황이다.

관용어

- 오해를 사다: 다른 사람에게 본래의 뜻과는 다르게 잘못 이해되거나 부정적으로 생각되게 만드는 상황을 이르는 말이다. 성재가 예나에게 연필을 돌려주려던 행동은 도와주려는 좋은 의도였으나, 선생님에게는 '오해를 산' 행동이 되었다.

명언

- 싸움이 벌어지는 원인 대부분이 오해 때문이라는 사실을 명심하라: 많은 갈등과 충돌은 의도가 잘못 전달되거나 상황을 오해해서 생긴다는 의미다. 선생님께서 성재의 행동을 보고, '부정행위'라고 오해한 상황과 연결된다.

생각을 여는 지도 Tip

"누군가를 도와준 적이 있니?" 또는 "네가 성재라면 어떻게 할 거야?"처럼 아이가 자신의 경험을 떠올리거나 인물의 상황을 생각해 볼 수 있도록 질문해 보세요. 도와주고 싶은 마음과 규칙을 지키려는 태도를 함께 생각해 보는 경험은 공감 능력과 문제 해결력을 기르는 데 도움이 되며, 사회 규칙을 이해하는 데도 중요합니다.

그림 탐색하기

그림을 보고 말해요

- 바닥에 무엇이 떨어져 있나요?
- 연필은 어디에서 떨어졌을까요?
- 누군가 이 연필을 주우면 어떤 기분이 들까요?
- ○○는 누군가의 물건을 주워 준 적이 있나요?

탐색하기 24

교육 활동 영역: 사회 규칙, 문제 해결, 공감 능력

년 월 일 요일 이름: ____________

제목: ______________________

시험 시간이었어요. 예나의 연필이 떨어져 성재의 의자 아래로 굴러왔어요. 성재는 팔을 뻗어 연필을 주웠어요.

'어떡하지?'

성재는 잠시 고민에 빠졌어요. 그런데 연필이 없으면 예나가 시험을 볼 수 없을 것 같았어요. 성재는 연필을 돌려주기 위해 두리번거리는 예나의 등을 조심스레 두드렸어요. 그 순간, 선생님이 그 모습을 보고 화난 목소리로 말했어요.

"김성재! 시험 시간에 부정행위를 하면 0점 처리된다는 걸 몰라?"

탐색하기 24

» 내가 찾은 중심 낱말은

입니다.

(노력: 1, 우수: 2, 최우수: 3)

» 이 글을 요약하면, 시험 시간에 예나의 ____________을 주운 성재가 예나에게 연필을 돌려주려고 했어요. 그런데 선생님께서 그 모습을 보시고 성재가 ____________를 하는 것으로 (오해/이해)를 하셨어요.

(노력: 1, 우수: 2, 최우수: 3)

» 선생님은 왜 성재가 부정행위를 한다고 생각했나요? ( )

① 바닥에서 연필을 주워서
② 예나의 연필을 들고 있어서
③ 예나의 등을 두드려서
④ 기타

» 나는 누군가에게 오해를 받은 적이 (있어요 ①/없어요 ②)

① ______________________________

② 만약 오해를 받게 되면 ______________________________

(노력: 1, 우수: 2, 최우수: 3)

» 아무 관계없는 두 일이 우연히 겹쳐 억울한 오해를 사게 되는 상황을 표현한 속담으로, 연필을 돌려주려다 선생님께 부정행위로 오해를 받은 성재의 상황에 어울리는 말은 다음 중 어느 것인가요? ( )

① 소 잃고 외양간 고친다
② 까마귀 날자 배 떨어진다
③ 아니 땐 굴뚝에 연기 날까
④ 시작이 반이다

총점:

탐색하기 25

교육 활동 영역

• 정서 조절

민기는 자전거 사고로 당황하고 화가 난 감정을 조절하지 못한 채 주변 사람에게 짜증을 냅니다. 도와주려는 준우에게도 공격적으로 반응하는 모습은 감정 조절의 어려움을 보여 줍니다. 감정이 격해졌을 때, 마음을 가라앉히고 상황을 받아들이는 연습이 필요합니다.

• 공감 능력

준우는 민기에게 다가가서 걱정해 주며 손을 내밀어 공감과 배려를 보여 줍니다. 친구가 다친 상황을 자신의 일처럼 느끼고 돕고자 하는 마음은 공감 능력의 좋은 예입니다. 타인의 감정을 이해하고 조심스럽게 다가가는 태도가 중요합니다.

• 또래 관계

이 장면은 친구 간의 관계에서 서로 다른 감정 상태가 충돌하며 갈등이 생기는 모습을 보여 줍니다. 갈등이 생겼을 때 상대의 감정을 이해하고, 시간을 두며 다가가는 것이 관계를 유지하는 데 도움이 됩니다. 친구 관계에서는 배려와 기다림, 그리고 이해하는 마음이 중요하다는 것을 배울 수 있습니다.

숨은 뜻 찾기

기본 언어 학습

▶ 귀에 익다: 이전에 자주 들어서 낯설지 않고 익숙하게 느껴지는 것

▶ 고물: 낡고 오래되어 제 기능을 잘 하지 못하는 물건

▶ 손을 내밀다: 도움을 주기 위해 손을 앞으로 뻗는 행동

속담

▶ 열이 상투 끝까지 오르다: 화가 머리끝까지 치밀어 오른 상태를 비유적으로 이르는 말이다. 민기가 자전거에서 넘어진 충격과 속상함, 짜증이 뒤섞여 자전거에 소리를 치고 친구 준우에게까지 화를 내는 모습이 극도로 분노한 상태임을 나타낸다.

관용어

▶ 불똥이 튀다: 다른 사람의 분노나 문제에 엉뚱하게 피해를 입는 상황으로, 도와주려 했던 준우가 민기의 화풀이 대상이 된다.

생각을 여는 지도 Tip

"너는 친구의 도움을 거절해 본 적 있니?" 또는 "너는 친구가 만약 화가 나서 소리치고 있다면 어떻게 할 거니?"처럼 아이가 자신의 경험과 친구의 상황을 돌아볼 수 있도록 질문해 보세요. 친구의 감정을 이해하고 배려하는 태도는 공감 능력을 기르는 데 도움이 되며, 감정을 조절하고 관계를 지켜 내려는 노력은 건강한 또래 관계 형성에 중요합니다.

그림 탐색하기

그림을 보고 말해요

- 표정을 보니 어떤 기분일 것 같나요?
- 왜 자전거를 타지 않고 가만히 서 있을까요?
- 자전거를 타 봤나요?
- 자전거는 어떤 상태인가요?

탐색하기 25

교육 활동 영역: 정서 조절, 공감 능력, 또래 관계

년　월　일　요일 이름: ________

제목: ________________

준우는 공원에서 친구들과 자전거를 타고 있었어요. 신나게 달리는데 어디선가 귀에 익은 목소리가 들려왔어요. 가까이 가 보니 민기가 바닥에 앉은 채, 짜증 난 얼굴로 자전거를 향해 툴툴거리고 있었어요.

"에잇! 이 고물 자전거!"

준우는 자전거를 세우고 민기에게 다가갔어요.

"넘어졌구나, 괜찮아?"

준우는 민기에게 손을 내밀었어요. 하지만 민기는 화를 내며 소리쳤어요.

"저리 가! 가란 말이야!"

탐색하기 25

» 내가 찾은 중심 낱말은

입니다.

(노력: 1, 우수: 2, 최우수: 3)

» 이 글을 요약하면, ______가 ______를 타다가 넘어진 ______를 봤어요. ______는 도와주려고 갔는데 민기가 화를 냈어요.

(노력: 1, 우수: 2, 최우수: 3)

» 민기가 화를 냈을 때 준우의 기분은 어땠을까요?

» 엄마나 아빠, 친구 등 주변에서 도움을 주려는 사람에게 화를 낸 적이 있나요?

(노력: 1, 우수: 2, 최우수: 3)

» 다른 사람의 잘못이나 화가 아무 상관없는 사람에게까지 옮겨 가 피해를 입는 상황을 표현한 관용어로, 민기를 도와주려 다가갔지만 괜히 화풀이를 당한 준우의 상황에 어울리는 말은 다음 중 어느 것인가요? (   )

① 말꼬리를 흐리다 ② 귀가 얇다 ③ 불똥이 튀다 ④ 손을 놓다

총점:

탐색하기 26

교육 활동 영역

• 정서 조절

민기는 속상함과 창피함, 부러움 같은 복합적인 감정이 한꺼번에 드러나면서 친구에게까지 화를 내게 됩니다. 감정이 격해진 상황에서 차분히 마음을 가라앉히는 연습이 필요합니다.

• 자아 존중감

민기는 낡은 자전거를 타는 자신이 부끄럽고, 반짝이는 자전거를 탄 친구들과 비교하면서 위축된 감정을 느낍니다. 외적인 조건보다 자신의 소중함과 가치를 스스로 인정하는 태도가 필요합니다. 자기를 긍정적으로 바라보는 힘은 자아 존중감의 핵심입니다.

• 공감 능력

민기는 자신의 감정에 몰입해 준우의 배려를 받아들이지 못합니다. 누군가가 도와주려 할 때 그 마음을 알아차리고 받아들이는 것도 공감의 한 부분입니다. 친구의 진심을 이해하고 반응하는 공감 능력을 기르는 것이 중요합니다.

숨은 뜻 찾기

✕ 기본 언어 학습

▶ 졸라 대다: 원하는 것을 얻기 위해 여러 번 간절히 부탁하는 행동

✕ 속담

▶ 우황 든 소 앓듯: 겉으로 드러나지 않게 속으로 끙끙 앓으면서 심한 고통이나 괴로움을 겪고 있는 상태를 말한다. 민기가 겉으로는 화를 내고 짜증을 부리는 것

처럼 보이지만, 속마음에는 자전거에 대한 부끄러움과 속상함이 겹쳐 있는 상황에 준우의 새 자전거를 보고 더욱 비참함을 느낀다.

명언

▶ 남을 판단하기 전에 그의 신발을 신고 천 리를 걸어 보라: 어떤 사람을 비난하거나 판단하기 전에 그 사람의 입장이 되어 보고 그의 경험과 어려움을 직접 겪어 보라는 뜻이다. 민기의 행동을 이해하기 어렵다면, 민기가 자전거가 없었던 시절부터 낡은 자전거를 얻고 기뻐했으며 넘어졌을 때 얼마나 아프고 속상했을지, 그리고 하필 그 순간 준우를 보았을 때 어떤 마음이었을지 민기의 '신발'을 신고 걸어 보는 노력이 필요하다.

생각을 여는 지도 Tip

"너는 다른 친구가 부러웠던 적이 있니?" 또는 "기분이 나쁠 때 친구가 다가오면 어떻게 할 거니?"처럼 아이가 감정을 돌아보고 상황을 상상해 볼 수 있도록 질문해 보세요. 자신이 느끼는 감정을 솔직하게 이해하고 표현하는 과정은 정서 조절과 자아 존중감을 기르는 데 도움이 되며, 친구의 입장을 생각해 보는 경험은 공감 능력을 키우는 데 중요합니다.

그림 탐색하기

그림을 보고 말해요

- 이 자전거는 어떤 상태인가요?
- 어디가 낡았는지 그림에서 찾아볼 수 있나요?
- 이 자전거를 타면 어떤 기분이 들 것 같나요?
- ○○는 낡은 물건을 사용할 때 어떤 기분이 드나요?

탐색하기 26

교육 활동 영역: 정서 조절, 자아 존중감, 공감 능력

년 월 일 요일 이름: ___________

제목: ______________________________

아이들이 자전거를 타고 씽씽 달려가면 민기는 부러웠어요. 민기에게는 자전거가 없었거든요. 며칠 동안 할머니를 졸랐더니, 할머니가 어디서 낡은 자전거를 한 대 가져왔어요. 창피했지만 그래도 기뻤어요. 민기는 공원에서 신나게 자전거를 타다가 펑크가 나면서 넘어지고 말았어요. 화가 난 민기 앞에 반짝이는 자전거를 탄 준우가 다가와 물었어요.

"넘어졌구나! 괜찮아?"

그러자 민기는 더욱 화가 나서 고함을 질렀어요.

"저리 가! 가란 말이야!"

탐색하기 26

>> 내가 찾은 중심 낱말은

입니다.

(노력: 1, 우수: 2, 최우수: 3)

>> 이 글을 요약하면, 민기는 할머니를 졸라 ______ 자전거를 얻었어요. 신나게 타다가 넘어지자 화가 났어요. ______가 다가와 걱정하며 물었지만, 민기는 더 화가 나서 소리치고 말았어요.

(노력: 1, 우수: 2, 최우수: 3)

>> 민기는 낡은 자전거를 받았을 때 창피하면서도 기뻤다고 했어요. 두 가지 감정이 동시에 든 이유는 무엇이라고 생각하나요?

>> 준우가 민기에게 "괜찮아?"라고 물었을 때, 민기는 왜 화를 내며 고함을 질렀을까요?

(노력: 1, 우수: 2, 최우수: 3)

>> 분하고 화가 나서 마음속이 부글부글 끓는 상태를 표현한 관용어로, 낡은 자전거를 타다 넘어지고 속상한 마음에 도와주려는 친구에게까지 화를 낸 민기의 모습에 어울리는 말은 다음 중 어느 것인가요? (　)

① 귀가 간지럽다　② 가슴이 시리다　③ 입이 짧다　④ 속에서 천불이 나다

총점:

탐색하기 27

교육 활동 영역

• 정서 조절

선우는 놀라고 당황한 마음에 울음을 터뜨리고, 엄마와 직원 모두는 감정을 다스리지 못하고 서로에게 화를 내며 상황이 더 격해집니다. 감정이 격한 순간일수록 침착하고 차분하게 상황을 바라보며 대화하는 태도가 중요합니다.

• 문제 해결

작은 사고가 오해와 감정 충돌로 번졌지만, 상황을 정확히 파악하고 서로의 입장을 확인했다면 더 나은 해결이 가능했을 것입니다. 갈등 상황에서 차분히 중재하고 대화를 통해 문제를 풀어 나가는 능력이 필요합니다.

• 사회 규칙

공공장소에서는 물건을 조심히 다루고, 문제가 생겼을 때 예의를 갖추어 말하는 것이 기본적인 규칙입니다. 어른과 아이 모두가 서로를 존중하며 말하는 태도는 사회적인 질서와 예절을 지키는 데 중요한 요소입니다. 말투 하나가 상황을 긍정적으로도, 부정적으로도 바꿀 수 있다는 점을 배울 수 있습니다.

숨은 뜻 찾기

✕ 속담

▶ 방귀 뀐 놈이 성낸다: 잘못한 사람이 오히려 당당하게 화를 낼 때 쓰는 말이다. 아이가 장난감을 떨어뜨린 것이 상황의 시작이었지만, 엄마는 이를 무시하고 직원에게만 화를 낸다.

관용어

▶ 책임을 돌리다: 자신의 잘못이나 문제를 다른 사람 탓으로 넘기는 행동으로, 선우의 실수를 마트 직원의 말 탓으로 돌리며 화를 내는 엄마의 모습과 연결된다.

명언

▶ 비난이란 자신을 설명하려는 노력일 뿐이다: 어떤 사람을 비난하는 행동은 사실 자신의 처지나 상황을 간접적으로 정당화하거나 방어하려는 무의식적인 노력일 수 있다는 뜻이다. 엄마가 선우의 잘못으로 난처한 상황에 처하자, 아들의 행동을 직접적으로 인정하고 책임지기보다는 상황을 지적한 직원을 '비난'함으로써 아들의 잘못을 희석시키고 자신의 입장을 방어하려는 시도로 볼 수 있다.

생각을 여는 지도 Tip

"가족 아닌 다른 어른이 너한테 화낸 적이 있니?" 또는 "선우가 잘못했는데도 엄마는 왜 저렇게 화를 내시는 것 같니?"처럼 아이가 자신의 경험을 떠올리거나 인물의 마음을 생각해 볼 수 있도록 질문해 보세요. 감정을 표현하고 상황을 이해하려는 연습은 정서 조절과 문제 해결력을 기르는 데 도움이 됩니다.

그림 탐색하기

그림을 보고 말해요

- 두 사람은 어디에 있는 것 같나요?
- 어떤 표정을 짓고 있나요?
- 무슨 일 때문에 말다툼을 하고 있을까요?
- 누군가와 의견이 달라서 다퉈 본 적이 있나요?

탐색하기 27

교육 활동 영역: 정서 조절, 문제 해결, 사회 규칙

년 월 일 요일 이름: ____________

제목: ______________________________

선우는 장난감 코너에서 자동차를 꺼내다가 옆에 있던 장난감 몇 개를 바닥에 떨어뜨렸어요. 지나가던 마트 직원 아주머니가 그 모습을 봤어요.

"어머, 조심해야지! 이거 망가진 거 아냐? 도대체 네 엄마는 어디 계시니?"

선우는 "으앙!" 하고 울음을 터뜨렸어요. 그 소리를 듣고 옆 코너에서 엄마가 뛰어왔어요.

"이런 일로 아이를 울리다니, 도대체 직원 교육을 어떻게 받은 거죠?"

엄마는 오히려 직원 아주머니에게 화를 냈어요.

탐색하기 27

» 내가 찾은 중심 낱말은

입니다.

(노력: 1, 우수: 2, 최우수: 3)

» 이 글을 요약하면, 선우는 엄마와 ______에 갔어요. 거기에서 ______를 꺼내다가 장난감 몇 개를 바닥에 떨어뜨렸어요. 울고 있는 선우를 보고 엄마는 직원 아주머니께 (미안하다고 사과했어요./화를 냈어요.)

(노력: 1, 우수: 2, 최우수: 3)

» 선우가 장난감을 떨어뜨렸는데 엄마는 왜 직원 아주머니에게 화를 낼까요?

» 직원 아주머니의 기분은 어떨까요?

(노력: 1, 우수: 2, 최우수: 3)

» 자신이 잘못했으면서도 오히려 큰소리치며 남을 나무라는 상황을 표현한 속담으로, 장난감을 떨어뜨린 건 선우였는데도 직원이 주의를 주자 오히려 화를 낸 엄마의 행동에 어울리는 말은 다음 중 어느 것인가요? (   )

① 방귀 뀐 놈이 성낸다
② 아닌 밤중에 홍두깨
③ 도둑이 제 발 저리다
④ 윗물이 맑아야 아랫물이 맑다

총점:

탐색하기 28

교육 활동 영역

• 또래 관계

또래와의 관계는 아동기 사회성 발달에 중요한 요소로, 친구와의 긍정적인 상호작용을 통해 소속감과 즐거움을 느낄 수 있습니다. 친구 관계에서 거리감이 생기면 학교생활 전반에 영향을 미칠 수 있습니다.

• 정서 조절

민지는 친구 문제로 속상한 감정을 말로 표현하지 못하고, 눈물로 드러내며 감정을 조절하기 어려운 상태를 보입니다. 감정을 억누르거나 혼자 삼키기보다는, 말로 표현하고 도움을 구하는 방법을 배우는 것이 필요합니다. 자신의 감정을 인식하고 차분히 표현하는 연습을 통해 정서 조절 능력을 기를 수 있습니다.

• 자아 존중감

친구와 잘 어울리지 못하는 상황은 민지로 하여금 '나는 친구가 없는 아이'라는 부정적인 자기 인식을 만들 수 있습니다. 반복되는 소외감은 자아 존중감에 부정적인 영향을 줄 수 있으며, 자신을 긍정적으로 바라보는 힘을 약화시킵니다. 스스로를 소중히 여기고, 친구 관계와 상관없이 자신의 가치를 느낄 수 있는 지지가 필요합니다.

숨은 뜻 찾기

기본 언어 학습

▶ 별로: 그다지 마음에 들지 않거나 좋지 않은 상태를 표현하는 말

▶ 눈을 동그랗게 뜨다: 깜짝 놀라거나 놀람을 표현할 때 눈을 크게 뜨는 행동

▶ 눈물이 그렁그렁 고이다: 금방이라도 눈물이 떨어질 듯 눈에 눈물이 가득 맺히는 것

속담

▶ 물 위의 기름: 서로 전혀 어울리지 못하고 따로 노는 관계나 분위기를 이르는 말로, 민지가 같은 반 친구 수빈이와 함께 있긴 하지만 전혀 어울리지 못하고 혼자 외로움을 느끼는 상황에 딱 어울린다.

관용어

▶ 찬밥 신세: 따돌림을 당하거나 중요하게 여겨지지 못하고 무시당하는 처지를 비유적으로 이르는 말로, 학교에서 친한 친구가 없어 친구들 무리에 끼지 못하고 변두리에 머물러 있는 민지의 상황이 '찬밥 신세'와 같이 외롭고 쓸쓸한 처지다.

생각을 여는 지도 Tip

"너는 학교에서 친한 친구가 있니?" 또는 "친구를 사귀려면 어떻게 해야 할까?"처럼 아이가 자신의 관계를 돌아보고 생각을 나눌 수 있도록 질문해 보세요. 친구와의 거리감에서 생기는 외로움이나 속상한 감정을 표현해 보는 경험은 정서 조절과 자아 존중감을 기르는 데 도움이 되며, 또래 관계를 긍정적으로 맺는 방법을 배우는 데도 중요합니다.

그림 탐색하기

그림을 보고 말해요

- 이 친구는 어떤 표정을 짓고 있나요?
- 뒷자리 친구들과 어떤 차이가 느껴지나요?
- 왜 이 친구는 혼자 앉아 있는 것 같나요?
- ○○도 이렇게 외롭거나 속상했던 적이 있나요?

탐색하기 28

교육 활동 영역: 또래 관계, 정서 조절, 자아 존중감

년 월 일 요일 이름: ___________

제목: ____________________

"학교에서 친한 친구가 없다고?"

이모의 물음에 민지는 조용히 고개를 끄덕였어요.

"옆집에 산다는 같은 반 그 애랑도 안 친해?"

이모는 눈을 동그랗게 뜨고 민지에게 물었어요.

"응, 별로. 수빈이는 나랑 안 놀아."

이모의 질문에 민지는 눈에 눈물이 그렁그렁 고였어요.

"아! 저런! 민지, 학교 가면 심심하겠구나."

이모가 걱정스러운 목소리로 말했어요.

탐색하기 28

» 내가 찾은 중심 낱말은

입니다.

(노력: 1, 우수: 2, 최우수: 3)

» 이 글을 요약하면, ______가 학교에서 누구와 친한지 물었는데 민지는 친한 친구가 (있다고/없다고) 대답했어요. 옆집에 사는 수빈이랑도 (친해요./친하지 않아요.) 민지는 친구가 (필요해요./필요 없어요.)

(노력: 1, 우수: 2, 최우수: 3)

» 이모는 왜 민지가 학교에 가면 심심하겠다고 생각했을까요?

① 옆집에 수빈이가 살아서 ② 수빈이랑 친하지 않아서

③ 친구가 없어서 ④ 기타

» 나는 친한 친구가 (있어요 ①/없어요 ②)

① 내 친구는 ____에요.

② 나는 친구가 (없어도 괜찮아요./있으면 좋겠어요.)

(노력: 1, 우수: 2, 최우수: 3)

» 서로 어울리지 못하고 겉돌기만 하는 사이를 표현한 속담으로, 같은 반 친구들뿐만 아니라 옆집 수빈이와도 잘 어울리지 못하는 민지의 모습에 어울리는 말은 다음 중 어느 것인가요? ( )

① 배보다 배꼽이 더 크다 ② 꿩 대신 닭

③ 돌다리도 두들겨 보고 건너라 ④ 물 위에 기름

총점:

탐색하기 29

교육 활동 영역

• 또래 관계

지윤이는 장난감을 두고 친구들 사이에 갈등이 생기자 난처한 상황에 놓입니다. 친구 관계에서는 서로를 배려하고 차례를 지키며 어울리는 태도가 중요함을 알 수 있습니다.

• 문제 해결

지윤이는 이런 상황에서 공정한 차례 정하기나 함께 사용하는 방법을 제안하는 등 중재와 조율이 필요합니다. 갈등 상황을 잘 해결하는 경험은 사회적 기술을 키우는 데 큰 도움이 됩니다.

• 의사소통

지윤이는 친구의 질문에 머뭇거리며 의사 표현에 어려움을 겪습니다. 자신의 생각을 솔직하면서도 조심스럽게 표현하고, 친구들의 말을 잘 듣는 태도는 원활한 의사소통의 기초가 됩니다. 갈등 상황일수록 정확하고 공정하게 말하는 연습이 중요합니다.

숨은 뜻 찾기

기본 언어 학습

▶ 난처하다: 어떻게 행동하거나 말해야 할지 몰라서 곤란한 상황에 처하는 것

속담

▶ 고래 싸움에 새우 등 터진다: 힘센 사람들 사이의 다툼에 아무 관련 없는 약자가 중간에 끼어 피해를 입거나 곤란한 상황에 처하게 된다. 상훈이와 효진이의 다툼에서, 누가 먼저냐는 질문에 지윤이는 누구 편도 들지 못하는 난처한 상황에 처

하게 된다.

관용어

▶ 이러지도 저러지도 못하다: 어느 쪽도 선택하지 못해 결정을 내리지 못하고 망설이는 상태로, 친구들 사이에서 누구 편도 들 수 없어 고민하는 지윤이의 상황과 맞다.

명언

▶ 갈등은 피할 수 없지만, 그 해결 방법은 선택할 수 있다: 사람 사이의 의견 충돌이나 다툼은 언제든 발생할 수 있지만, 그 문제를 어떤 식으로 풀어 갈지는 스스로 결정하고 노력해야 한다는 뜻이다. 상훈이와 효진이의 '갈등' 속에서 지윤이는 힘들지만 이 상황을 어떻게 헤쳐 나갈지(예: 둘 다 인형을 조금씩 만져 보게 하자, 가위바위보로 정하자 등) 스스로 방법을 선택해야 함을 생각해 볼 수 있다.

생각을 여는 지도 Tip

"친구랑 싸운 적 있니?" 또는 "네가 지윤이라면 어떻게 하고 싶니?"처럼 아이가 자신의 경험이나 상황을 떠올리며 생각을 나눌 수 있도록 질문해 보세요. 친구 사이의 갈등을 조심스럽게 풀어 가고 균형 있게 말해 보는 경험은 또래 관계를 건강하게 맺는 데 도움이 되며, 의사소통 능력과 문제 해결력을 함께 기르는 데도 중요합니다.

그림 탐색하기

그림을 보고 말해요

- 이 친구는 어떤 표정을 짓고 있나요?
- 무슨 일이 있었던 것 같나요?
- 손짓을 보니 어떤 상황일지 상상해 볼 수 있나요?
- ○○도 이렇게 당황하거나 난처했던 적이 있나요?

탐색하기 29

교육 활동 영역: 또래 관계, 문제 해결, 의사소통

년 월 일 요일 이름: ____________

제목: ______________________________

지윤이네 집에 친구들이 놀러 왔어요. 지윤이는 아빠가 사 준 소리 나는 인형을 보여 주었어요.

"내가 먼저 볼 거야!"

상훈이가 말했어요.

"아냐, 내가 먼저야!"

효진이도 지지 않고 인형을 꽉 잡았어요. 둘은 인형을 서로 먼저 보겠다고 싸우기 시작했어요.

"지윤아, 내가 먼저지?"

상훈이가 지윤이를 바라보며 물었어요. 지윤이는 어떻게 대답해야 할지 몰라 난처했어요.

탐색하기 29

» 내가 찾은 중심 낱말은

입니다.

(노력: 1, 우수: 2, 최우수: 3)

» 이 글을 요약하면, 지윤이가 소리 나는 인형을 보여 주자 ________와 효진이가 서로 먼저 보겠다며 ________을 잡고 놓지 않았어요.

(노력: 1, 우수: 2, 최우수: 3)

» 이제 어떤 일이 일어날까요? (   )

① 효진이와 상훈이가 화해한다
② 효진이와 상훈이가 화가 나서 집으로 돌아간다
③ 인형이 망가진다
④ 지윤이가 둘 다 돌아가라고 말한다

» (   )가 만약 지윤이라면 어떻게 하고 싶나요?

(노력: 1, 우수: 2, 최우수: 3)

» 어느 쪽으로도 움직이거나 피할 수 없는 난처한 상황을 표현한 관용어로, 친구 둘이 서로 자기 편을 들어 달라고 하자 어찌할 바를 몰라 당황한 지윤이의 마음에 어울리는 말은 다음 중 어느 것인가요? (   )

① 기가 막히다 ② 입이 무겁다 ③ 오도 가도 못하다 ④ 속이 후련하다

총점:

탐색하기 30

교육 활동 영역

• 또래 관계

놀이를 함께할 때는 서로의 차례와 기회를 존중해야 친구와 좋은 관계를 유지할 수 있습니다. 또래 관계에서는 배려와 협력이 중요하다는 것을 배울 수 있는 상황입니다.

• 사회 규칙

놀이에도 정해진 규칙이 있으며, 이를 지키는 것은 공동체 생활의 기본입니다. 규칙을 지키는 태도는 놀이뿐 아니라 일상생활에서도 중요한 사회적 약속입니다.

• 의사소통

놀이 중 갈등이 생겼을 때, 자신의 감정을 상대에게 효과적으로 표현하고 상황을 조율하는 대화 능력이 필요합니다. 원하는 것을 솔직하고 예의 있게 말하는 태도는 건강한 소통의 기본입니다.

숨은 뜻 찾기

기본 언어 학습

▶ 덧붙이다: 기존에 있는 말이나 내용에 새로운 내용을 보태는 것

▶ 볼멘 목소리: 불만이나 짜증이 섞여서 토라진 듯한 목소리

표현 익히기

▶ 너 혼자 다해라, 다해!: 화가 나거나 서운할 때 책임을 모두 넘기며 감정을 드러내는 표현이다. '너 혼자'는 협력을 거부하고 분리된 태도를 나타내고, '다해!'는 짜증이나 포기의 감정을 담아 상대에게 모든 일을 맡길 때 사용하는 말투다.

속담

▶ 혼자 북 치고 장구 치고 한다: 어떤 일을 다른 사람과 협력하지 않고 자기 마음대로 혼자서 처리하거나 주도하는 것을 비유적으로 이르는 말이다. 선우가 말 덧붙이기 놀이의 규칙을 무시하고 혼자서 여러 가지를 덧붙인 행동은 모든 것을 자기 마음대로 하는 것처럼 보였음을 나타낸다.

명언

▶ 규칙은 모두가 함께 행복하기 위해 존재한다: 사회나 공동체의 질서와 조화를 위한 약속이나 규칙은 모두가 평화롭고 즐겁게 지낼 수 있도록 돕는다는 뜻이다. 말 덧붙이기 놀이의 규칙이 무너지면 '모두가 함께 행복하기' 어려워짐을 보여 준다.

생각을 여는 지도 Tip

"너는 규칙을 잘 지키는 편이니?" 또는 "규칙을 지키지 않는 친구를 보게 되면 어떻게 하고 싶니?"처럼 아이가 놀이 속에서의 태도와 상황을 떠올리며 생각을 나눌 수 있도록 질문해 보세요. 규칙을 지키고 차례를 존중하는 태도는 사회적 규칙을 익히는 데 도움이 되며, 친구와의 관계를 조율하고 자신의 생각을 말해 보는 경험은 의사소통 능력과 또래 관계 형성에 중요합니다.

그림 탐색하기

그림을 보고 말해요

- 이 표지판에는 어떤 규칙이 적혀 있나요?
- 왜 '순서를 지키기'가 중요할까요?
- 규칙을 잘 지키면 어떤 좋은 점이 있을까요?
- ○○는 놀이할 때 규칙을 잘 지키고 있나요?

탐색하기 30

교육 활동 영역: 또래 관계, 사회 규칙, 의사소통

년 월 일 요일 이름: ____________

제목: --

선우와 다빈이가 말 덧붙이기 놀이를 하고 있었어요. 선우가 "동물원에 가면 사자도 있고."라고 하자, 다빈이가 "동물원에 가면 사자도 있고"를 반복한 뒤에 "기린도 있고."라고 다른 말을 덧붙였어요. 다시 선우 차례였어요.

"동물원에 가면 사자도 있고, 기린도 있고, 원숭이도 있고, 코끼리도 있고."

그러자 다빈이가 볼멘 목소리로 말했어요.

"너 혼자 다해라, 다해!"

탐색하기 30

» 내가 찾은 중심 낱말은

입니다.

(노력: 1, 우수: 2, 최우수: 3)

» 이 글을 요약하면, ________ 놀이를 하는데 선우가 ________을 지키지 않아 다빈이가 화가 났어요. 놀이에서는 놀이 ________을 정확히 알고 또 ________을 지키는 것이 중요합니다.

(노력: 1, 우수: 2, 최우수: 3)

» 다빈이가 볼멘 목소리로 말한 이유는 무엇인가요? (   )

① 선우가 동물 이름을 틀리게 말해서

② 선우가 한 번에 너무 많은 동물을 말해서

③ 다빈이가 동물을 잘 모르기 때문에

④ 선우가 다빈이의 말을 끊어서

» (   )는 놀이 방법을 몰라 규칙을 지키지 못한 적이 있나요?

① 예 ② 아니요 ③ 기타

(노력: 1, 우수: 2, 최우수: 3)

» 다른 사람과 함께해야 할 일에서 정해진 규칙을 무시하고 혼자서 모든 걸 처리하는 모습을 표현한 속담으로, 말 덧붙이기 놀이에서 선우가 규칙을 어기고 혼자 길게 이어 가자 다빈이가 짜증을 낸 상황에 어울리는 말은 다음 중 어느 것인가요? (   )

① 아닌 밤중에 홍두깨 ② 꿩 먹고 알 먹는다

③ 혼자 북 치고 장구 치고 한다 ④ 말 한마디에 천 냥 빚도 갚는다

총점:

탐색하기 31

교육 활동 영역

• 문제 해결

민재는 심부름 도중 돈을 깜빡 잊고 가는 실수를 하지만, 집에 돌아와 자신의 실수를 인정하고 사과합니다. 실수했을 때 회피하지 않고 솔직하게 말하며 해결하려는 태도는 긍정적인 문제 해결 능력의 출발점입니다. 실패 경험도 문제 해결 능력을 키우는 중요한 과정이 됩니다.

• 기본 생활 습관

심부름을 나가기 전 필요한 물건(돈)을 챙기는 것처럼, 사소하지만 중요한 생활 습관은 책임감 있는 행동의 기초입니다. 준비물을 잘 챙기고, 약속을 지키는 습관은 일상 속 기본적인 자기 관리 능력을 키워 줍니다. 반복된 실수보다, 실수 후의 태도가 더 중요하다는 것도 함께 배울 수 있습니다.

• 자기 조절 능력

놀이터에 가고 싶은 마음이 있었지만 민재는 스스로 약속을 지키려고 노력했고, 실수 후에도 도망치지 않고 솔직히 말하며 감정을 조절했습니다. 자신의 감정과 욕구를 조절하고, 책임을 다하려는 태도는 자기 조절 능력의 중요한 예입니다. 순간의 충동보다는 약속과 책임을 지키려는 노력이 돋보입니다.

숨은 뜻 찾기

기본 언어 학습

▶ 신이 나다: 기쁘고 들떠서 기분이 좋은 상태가 되는 것

▶ 빈 손: 아무것도 들지 않은 손

속담

▶ 돌다리도 두들겨 보고 건너라: 아무리 안전하고 확실해 보이는 일이라도 신중하게 살펴보고 조심해서 해야 함을 이르는 말이다. 마트에 가기 전에 돈을 제대로 챙겼는지 미리 확인했어야 했는데, 신나서 덤벙거리다가 중요한 돈을 잊고 간 민재의 행동은 마치 '돌다리라도 두들겨 보지 않고 건넌' 것처럼 조심성이 부족했음을 나타낸다.

관용어

▶ 덤벙대다: 침착하지 못하고 급하게 행동하여 실수를 잘하는 태도로, 마트에 가는 들뜬 마음에 돈을 두고 간 민재의 행동에 어울린다.

생각을 여는 지도 Tip

"너는 심부름으로 어디까지 가 봤니?" 또는 "만약 민재처럼 실수했을 때는 어떻게 하면 좋을까?"처럼 아이가 자신의 경험이나 상황을 떠올리며 생각을 나눌 수 있도록 질문해 보세요. 실수를 인정하고 다시 시도해 보는 경험은 자기 조절력과 문제 해결력을 기르는 데 도움이 되며, 기본 생활 습관 형성에도 중요합니다.

그림 탐색하기

그림을 보고 말해요

- 이곳은 어디인가요?
- 아이의 표정은 어떤가요? 왜 그렇게 보일까요?
- 마트에 가 본 적 있나요?
- 마트에 갈 때는 무엇이 필요할까요?

탐색하기 31

교육 활동 영역: 문제 해결, 기본 생활 습관, 자기 조절 능력

년 월 일 요일 이름: ____________

제목: ______________________

엄마가 주방에서 민재를 불렀어요.

"엄마 심부름 좀 해 줄래? 마트에 가서 우유 좀 사다 줘."

그 말을 듣고 민재는 신이 났어요. 엄마가 덧붙였어요.

"놀이터로 가면 안 돼! 우유 사서 바로 집으로 와."

민재는 큰 목소리로 대답했어요.

"네, 알겠어요!"

하지만 민재는 빈 손으로 돌아왔어요.

"엄마, 죄송해요. 돈을 신발장 위에 두고 갔어요."

민재는 작은 목소리로 중얼거렸어요.

"그랬구나! 다음에는 잊지 말고 돈을 잘 챙겨야 해."

엄마가 말했어요.

탐색하기 31

» 내가 찾은 중심 낱말은

입니다.

(노력: 1, 우수: 2, 최우수: 3)

» 이 글을 요약하면, 엄마가 ________에게 마트에서 ________를 사 오라고 심부름을 보냈어요. 민재는 기분이 (좋았어요./나빴어요.) 하지만 민재는 ________으로 돌아왔어요. 엄마가 준 돈을 ________ 위에 두고 갔던 거예요.

(노력: 1, 우수: 2, 최우수: 3)

» 민재가 큰 목소리로 대답했다가 나중에는 왜 작은 목소리로 말했을까요? ( )

① 자신 있게 대답했지만 실수를 해서 부끄러웠기 때문이다
② 처음에는 신났지만 실수한 후에는 풀이 죽었기 때문이다
③ 엄마가 화를 낼까 봐 걱정되었기 때문이다
④ 실수한 것이 죄송해서 조용히 말했기 때문이다

» 나는 스스로 할 수 있는 일이 (있어요 ①/없어요 ②)

① ________________________________ 을/를 할 수 있어요.
② ________________________________ (해 보고 싶어요./하기 싫어요.)

(노력: 1, 우수: 2, 최우수: 3)

» 아무리 확실해 보이는 일이라도 조심해서 확인하고 행동해야 한다는 의미의 속담으로, 심부름을 하겠다고 신나게 나갔지만 돈을 두고 간 민재의 실수에 어울리는 말은 다음 중 어느 것인가요? ( )

① 닭 쫓던 개 지붕 쳐다본다
② 배보다 배꼽이 더 크다
③ 울며 겨자 먹기
④ 돌다리도 두들겨 보고 건너라

총점:

탐색하기 32

교육 활동 영역

• 사회 규칙

교실에서는 서로를 존중하고 차례를 지키며 발표하는 것이 기본적인 규칙입니다. 채영이가 친구를 흉내 내며 놀리는 행동은 교실 안의 예절을 어긴 것이며, 이는 타인에게 상처를 줄 수 있습니다. 공동체 생활에서는 서로의 다름을 인정하고 예의 바르게 행동하는 태도가 필요합니다.

• 공감 능력

채영이는 처음에는 선우의 어려움을 이해하지 못하고 놀렸지만, 자신이 같은 상황에 처하자 부끄러움과 당황함을 직접 느끼게 됩니다. 이 경험을 통해 타인의 감정을 더 잘 이해할 수 있는 계기가 됩니다. 누군가의 입장에서 상황을 생각해 보는 것이 공감 능력의 핵심입니다.

• 정서 조절

선우는 주목받는 상황에서 긴장했고, 채영이는 실수 후 얼굴이 빨개질 정도로 당황하며 감정 표현이 나타났습니다. 이런 감정을 조절하고 안정적으로 표현하는 연습은 학습 상황이나 사회적 관계에서 중요한 역할을 합니다. 감정이 흔들리는 순간에 스스로를 다독이며 조절하는 능력을 키우는 것이 필요합니다.

숨은 뜻 찾기

기본 언어 학습

▶ 머뭇거리다: 말이나 행동을 쉽게 하지 못하고 망설이는 것

▶ 더듬거리다: 말을 매끄럽게 하지 못하고 끊기거나 더듬으며 말하는 것

속담

▶ 웃음 끝에 눈물: 즐거워하며 웃다가 곧 슬프거나 곤란한 상황을 맞게 되어 울게 된다는 뜻이다. 채영이가 선우를 놀릴 때는 킥킥거리며 재미있어 했지만, 자신이 대답하지 못하자 얼굴이 빨개지면서 부끄럽고 곤란한 상황을 맞게 된다.

관용어

▶ 코가 납작해지다: 기세등등하던 사람이 창피를 당하거나 기가 죽은 모습을 이르는 말로, 선우를 놀리던 채영이가 자신도 대답하지 못해 선생님 앞에서 얼굴이 빨개지면서 '코가 납작해진' 상황이 되었다.

생각을 여는 지도 Tip

"누구를 놀려 본 적 있니?" 또는 "누군가 너를 놀린 적은 있니?"처럼 아이가 직접 겪었던 상황을 떠올리며 이야기해 보도록 질문해 보세요. 놀림에 대한 경험을 말로 표현하는 과정은 감정을 이해하고 조절하는 데 도움이 되며, 친구 관계에서 지켜야 할 규칙과 공감 능력을 기르는 데도 중요합니다.

그림 탐색하기

그림을 보고 말해요

- 이곳은 어디인가요?
- 아이는 어떤 표정을 하고 있나요?
- 왜 땀을 흘리며 당황한 얼굴일까요?
- 이 아이는 지금 무슨 생각을 하고 있을까요?

탐색하기 32

교육 활동 영역: 사회 규칙, 공감 능력, 정서 조절

년 월 일 요일 이름: ___________

제목: ________________________

선생님이 문제를 냈어요.

"영수는 일곱 개 먹었고 주희는 여덟 개 먹었어. 누가 몇 개 더 많이 먹었는지 선우가 말해 볼까?"

선우가 머뭇거렸어요. 그때 채영이가 킥킥거리며 선우 흉내를 냈어요.

"어, 어, 어려워요."

선생님이 다시 말했어요.

"선우는 자리에 앉고, 채영이가 말해 봐!"

그러자 채영이는 더듬거리며 대답했어요.

"자, 잘 모르겠어요."

채영이의 얼굴이 빨개졌어요.

탐색하기 32

» 내가 찾은 중심 낱말은

입니다.

(노력: 1, 우수: 2, 최우수: 3)

» 이 글을 요약하면, ____________ 시간에 선생님께서 (더하기/빼기) 문제를 내셨어요. 선우가 머뭇거리자 채영이가 선우 흉내를 내며 선우를 (도와줬어요./놀렸어요.) 선생님이 채영이에게 정답을 말해 보라고 하자 채영이는 ____________________.

(노력: 1, 우수: 2, 최우수: 3)

» 앞으로 채영이는 어떻게 행동할까요? (　)

① 이제 친구를 놀리지 않는다
② 기회가 있을 때마다 친구를 놀린다
③ 약한 친구만 골라서 놀린다
④ 선생님이 없을 때만 친구를 놀린다

» 나는 친구를 놀린 적이 (있어요 ①/없어요 ②)

① ____

② 친구가 ____________________ 을/를 놀린다면 ____________________

(노력: 1, 우수: 2, 최우수: 3)

» 뽐내거나 으스대던 사람이 창피를 당하거나 기가 꺾여 기세가 줄어드는 모습을 표현한 관용어로, 선우를 흉내 내며 놀리던 채영이가 오히려 더듬거리며 부끄러워한 상황에 어울리는 말은 다음 중 어느 것인가요? (　)

① 입을 모으다
② 귀가 번쩍 뜨이다
③ 코가 납작해지다
④ 가슴이 철렁하다

총점:

탐색하기 33

교육 활동 영역

• 공감 능력

엄마는 진호의 상황과 아쉬운 마음을 이해하고, 감정을 헤아려 십 분 더 타도록 배려해 줍니다. 상대의 입장을 고려하고 마음을 공감해 주는 태도는 안정된 관계 형성에 도움이 됩니다.

• 의사소통

엄마와 진호는 서로의 의견을 주고받으며 대화를 이어 가고, 타협점을 찾기 위해 노력합니다. 갈등 상황에서도 소리를 지르거나 일방적으로 명령하기보다 차분히 이야기하며 조율하는 모습은 긍정적인 의사소통의 좋은 예입니다.

• 자기 조절 능력

진호는 엄마와 약속한 시간을 지켜 십 분 후에 스스로 놀이를 멈추고 집으로 돌아갑니다. 자신의 욕구를 일정 부분 만족한 뒤, 약속된 행동으로 마무리하는 모습은 자기 조절 능력이 발달하고 있음을 보여 줍니다.

숨은 뜻 찾기

기본 언어 학습

▶ 양보하다: 자기 것을 포기하고 다른 사람에게 기회를 주는 것

속담

▶ 같은 말이라도 아 다르고 어 다르다: 똑같은 내용의 말이라도 표현하는 방식이나 말투에 따라 듣는 사람이 전혀 다르게 받아들일 수 있음을 이르는 말이다. 엄마

가 처음 '십 분만 더 타고 들어가자'고 했을 때 진호는 계속 타겠다고 했지만, '6시까지 실컷 타'라고 시간을 정해 주며 자유를 준 것처럼 표현하자 진호가 바로 수긍하고 신나게 그네를 탔다. 같은 시간(십 분)을 제안했지만 말의 표현 방식이 달라지자 결과도 달라졌음을 보여 준다.

명언

▶ 무엇을 말하느냐보다 어떻게 말하느냐가 더 중요할 때가 있다: 전달하려는 내용 자체보다 그 내용을 어떤 말투나 방식으로 표현하느냐가 상대방의 태도나 반응에 더 큰 영향을 미칠 수 있다. 엄마가 진호에게 '십 분만'이라고 했을 때와 '6시까지' '실컷 타'라고 했을 때 전달하는 내용(결국 십 분 뒤에 들어가야 한다는 것)은 같지만, '어떻게 말했는지'가 달라지면서 진호의 태도가 완전히 바뀌었다.

생각을 여는 지도 Tip

"너는 시계 볼 줄 아니?" 또는 "진호의 기분을 이해할 수 있니?"처럼 아이의 생활 경험과 감정을 연결하여 이야기해 보세요. 시간 개념을 익히고 감정을 표현해 보는 활동은 자기 조절 능력과 의사소통 능력을 기르는 데 도움이 됩니다.

그림 탐색하기

그림을 보고 말해요

- 이 그림에는 어떤 물건들이 있나요?
- 각각의 시계가 가리키는 시간은 몇 시인가요?
- 몇 시에 일어나나요?
- 아침 8시 30분에는 무엇을 하고 있나요?

탐색하기 33

교육 활동 영역: 공감 능력, 의사소통, 자기 조절 능력

년 월 일 요일 이름: ______________

제목: ________________________________

"진호야, 이제 들어가자."

엄마가 말했어요.

"싫어, 더 타다 갈래."

진호는 그네를 더 타고 싶었어요. 조금 전까지 다른 아이들이 그네를 타고 있어서 오랫동안 기다려야 했거든요.

"그럼 십 분만 더 타고 들어가자."

엄마가 양보했어요.

"싫어, 계속 탈 거야."

진호가 고집부렸어요. 엄마는 시계를 봤어요. 5시 50분이었어요. 엄마는 진호에게 말했어요.

"그래? 그럼 6시까지 시간 줄게. 실컷 더 타."

진호는 활짝 웃으며 외쳤어요.

"좋아!"

진호는 신나게 그네를 타고 십 분 후에 집으로 들어갔어요.

탐색하기 33

» 내가 찾은 중심 낱말은

입니다.

(노력: 1, 우수: 2, 최우수: 3)

» 이 글을 요약하면, ______에서 진호가 그네를 타는데 ______가 집에 가자고 해요. 하지만 진호는 그네를 (잠깐/오래) 탔기 때문에 더 타고 싶었어요. 그래서 엄마에게 (좋다고/싫다고) 말했어요.

(노력: 1, 우수: 2, 최우수: 3)

» 진호는 왜 그네를 더 타고 싶었나요?

» (　　　)는 시간 약속을 잘 지키나요, 못 지키나요?

(노력: 1, 우수: 2, 최우수: 3)

» 같은 내용이라도 말하는 표현이나 어투에 따라 상대의 기분이나 반응이 달라질 수 있다는 의미의 속담으로, 엄마가 진호의 마음을 헤아려 말투를 바꾸자 진호가 기분 좋게 행동한 모습에 어울리는 말은 다음 중 어느 것인가요? (　)

① 원숭이도 나무에서 떨어진다　　② 아니 땐 굴뚝에 연기 날까

③ 말보다 행동이 앞선다　　④ 아 다르고 어 다르다

총점:

탐색하기 34

교육 활동 영역

• 가족 관계

가족이 함께 놀이공원에 가는 즐거운 시간 속에서도 의견이 다를 때 갈등이 생길 수 있습니다. 다툼은 가족 간의 관계에서 자연스럽게 발생할 수 있는 상황이며, 이런 갈등을 어떻게 풀어 가는지가 가족 관계를 더욱 돈독하게 만드는 열쇠가 됩니다.

• 정서 조절

순간적인 감정을 폭발시키기보다는 차분하게 말하고 조율하려는 태도가 필요합니다. 감정이 격해졌을 때 스스로를 다스리는 능력은 갈등 상황을 원만히 해결하는 데 큰 도움이 됩니다.

• 문제 해결

서로 원하는 것이 다를 때 상대의 입장을 고려하며 타협점을 찾는 것이 중요합니다. 다양한 의견을 조율하며 모두가 만족할 수 있는 방향을 찾는 연습이 필요합니다.

숨은 뜻 찾기

기본 언어 학습

▶ 목소리를 높이다: 화가 나거나 강하게 주장하려고 말소리를 크게 하는 것

속담

▶ 사공이 많으면 배가 산으로 간다: 여러 사람이 제각기 주장만 내세우면 일이 제대로 되지 않는다는 의미다. 예슬이와 예준이가 서로 고집을 부리며 의견을 맞추지 않아 즐거운 놀이가 망가진 상황이다.

관용어

▶ 티격태격하다: 서로 의견이 맞지 않아 자꾸 다투거나 말다툼을 하는 모습을 이르는 말이다. 예슬이와 예준이가 언성을 높이며 '티격태격' 다툰다.

명언

▶ 모두가 같은 방향으로 노를 저어야 배가 나아간다: 어떤 목표를 향해 나아갈 때, 관련된 모든 사람이 같은 생각으로 힘을 합쳐야만 제대로 앞으로 나아갈 수 있으며, 그렇지 않으면 제자리걸음 하거나 엉뚱한 곳으로 가게 된다는 뜻이다. 롯데월드에서 즐겁게 놀기 위해서는 가족 모두가 뜻을 모아야 하는데, 예슬이와 예준이가 각기 다른 방향으로 주장하며 힘을 합치지 못하고 다투면서 앞으로 나아가지 못한다.

생각을 여는 지도 Tip

"너는 가족끼리 놀이공원에 가 본 적 있니?" 또는 "서로 의견이 다를 때는 어떻게 하면 좋을까?"처럼 아이가 자신의 경험을 떠올리며 말할 수 있도록 질문해 보세요. 갈등 상황을 조율하는 연습은 정서 조절과 문제 해결 능력을 기르는 데 도움이 됩니다.

그림 탐색하기

그림을 보고 말해요

- 어디에서 있었던 일일까요?
- 이 아이는 어떤 표정을 짓고 있나요?
- ○○도 이렇게 화가 났던 적이 있나요?
- 놀이공원에 가 본 적이 있나요? 어떤 놀이기구를 탔나요?

탐색하기 34

교육 활동 영역: 가족 관계, 정서 조절, 문제 해결

년 월 일 요일 이름: ____________

제목: ------------------------------

예슬이와 예준이는 아빠와 함께 롯데월드에 갔어요. '신밧드의 모험'을 타러 갔더니 줄이 너무 길었어요.

"우리 다른 놀이기구 타러 가자!"

예슬이가 말했어요.

"싫어!"

예준이는 고개를 저었어요.

"난 신밧드의 모험이 제일 재미있을 것 같아. 기다릴 거야!"

그러자 예슬이가 목소리를 높였어요.

"이 바보야! 한 시간도 넘게 기다려야 한다고!"

예슬이와 예준이는 다투기 시작했어요. 그 모습을 지켜보던 아빠가 조용히 경고했어요.

"얘들아, 이렇게 싸울 거면 그냥 집에 가자."

탐색하기 34

» 내가 찾은 중심 낱말은

입니다.

(노력: 1, 우수: 2, 최우수: 3)

» 이 글을 요약하면, 아빠와 ________에 간 예슬이와 예준이는 신밧드의 모험을 타러 갔는데 줄이 너무 길었어요. 예슬이와 예준이가 서로 ______이 달라서 다투기 시작하자 아빠는 집으로 돌아가자고 말했어요.

(노력: 1, 우수: 2, 최우수: 3)

» 예준이와 예슬이는 어떻게 하면 다투지 않고 서로의 생각을 잘 나눌 수 있을까요?

» (　　　)가 아빠라면 어떻게 하고 싶나요?

(노력: 1, 우수: 2, 최우수: 3)

» 여럿이 각자 자기 주장만 하며 협력하지 않으면 일이 제대로 진행되지 않는다는 의미의 속담으로, 놀이기구를 고르다 의견이 엇갈려 다투는 예슬이와 예준이의 모습에 어울리는 말은 다음 중 어느 것인가요? (　)

① 도둑이 제 발 저리다
② 배보다 배꼽이 더 크다
③ 사공이 많으면 배가 산으로 간다
④ 벼는 익을수록 고개를 숙인다

총점:

탐색하기 35

교육 활동 영역

• 가족 관계

가족 구성원이 아플 때 함께하는 경험은 가족 간의 관계를 더 끈끈하게 만들고 서로를 위하는 마음을 키우는 계기가 됩니다.

• 정서 조절

지호는 낯선 병원 환경과 아빠의 달라진 모습을 보고 놀라고 당황하여 엄마 뒤에 숨으며 감정을 표현합니다. 낯선 자극 앞에서 아이가 느끼는 불안과 두려움을 적절히 다루고 차분히 반응하는 연습이 필요합니다. 감정을 인식하고 안전하게 표현하는 능력이 정서 조절의 중요한 기초가 됩니다.

• 공감 능력

아픈 가족을 마주하는 경험은 연민과 배려, 공감 능력을 자연스럽게 키우는 계기가 됩니다. 아빠의 입장을 생각해 보고 함께하는 마음을 배우는 소중한 순간입니다.

숨은 뜻 찾기

기본 언어 학습

- 풍경: 눈에 보이는 바깥 모습이나 경치
- 두근거리다: 긴장하거나 설레서 가슴이 빠르게 뛰는 것
- 분주하다: 여러 일을 하느라 매우 바쁘고 정신없는 상태
- 어리둥절하다: 상황을 잘 이해하지 못해 당황하고 어리둥절한 상태

속담

▶ 마른하늘에 날벼락: 예상치 못한 상황에서 갑자기 당하는 불행이나 어려움, 또는 그런 상황으로 인해 큰 충격을 받고 놀라다. 신나게 지하철 풍경도 보고 병원 구경도 하다가, 갑자기 아빠의 '머리에 하얀 붕대를 감은 달라진 모습'을 보고 '깜짝 놀라' 엄마 뒤로 숨은 지호의 상황은 평온한 하늘(병원 구경)에 갑자기 떨어진 날벼락(아빠의 변한 모습)처럼 예상치 못한 충격이었다.

관용어

▶ 어리둥절하다: 상황을 잘 이해하지 못해 당황하고 정신이 없는 상태로, 병원, 엘리베이터, 커다란 텔레비전, 그리고 붕대를 감은 아빠까지 낯선 풍경에 놀란 지호의 상태를 표현하는 데 적절하다.

생각을 여는 지도 Tip

"너는 병원에 가 본 적 있니?" 또는 "지호처럼 놀라고 무서운 느낌이 들면 어떻게 하면 좋을까?"처럼 아이가 낯선 경험을 떠올리거나 감정을 나눌 수 있도록 질문해 보세요. 익숙하지 않은 상황에서 감정을 표현하고 공감받는 경험은 정서 조절과 가족 간의 유대감 형성에 도움이 됩니다.

그림 탐색하기

그림 보고 말해요

- 여기는 어떤 장소인가요?
- 이 아이는 어떤 표정을 짓고 있나요?
- 엄마의 얼굴은 어때 보이나요?
- 병원에 가 본 적이 있나요? 누구랑 갔나요?

탐색하기 35

교육 활동 영역: 가족 관계, 정서 조절, 공감 능력,

년 월 일 요일 이름: ____________

제목:

지호는 엄마와 함께 지하철을 타고 병원에 갔어요. 에스컬레이터를 타고 지하로 내려가자 가슴이 두근거렸어요. 지하철 창밖은 깜깜했다가 갑자기 환해지며 바깥 풍경이 보여 신기했어요. 병원은 넓고 복잡했어요. 지금까지 다녔던 동네 의원과는 달라 지호는 눈이 둥그레졌어요.

"엄마, 텔레비전 봐! 엄청 커!"

지호가 신이 나서 말했지만, 엄마는 말없이 지호의 머리를 쓰다듬었어요. 엘리베이터도 여러 대 있었고 사람들이 분주하게 타고 내렸어요. 아빠가 입원한 병실에는 침대가 여러 개 있었고, 같은 옷을 입은 사람들이 있었어요. 처음 보는 장면에 지호는 어리둥절했어요.

"여보, 오늘은 지호도 같이 왔어요. 지호야, 아빠한테 인사해야지."

엄마의 말에 지호는 머뭇거리며 아빠를 바라봤어요. 머리에 하얀 붕대를 감은 아빠가 웃으며 말했어요.

"우리 지호 왔구나!"

하지만 달라진 아빠의 모습에 지호는 깜짝 놀라 엄마 뒤로 숨었어요.

탐색하기 35

>> 내가 찾은 중심 낱말은

입니다.

(노력: 1, 우수: 2, 최우수: 3)

>> 이 글을 요약하면, 지호는 엄마와 ________ 을 타고 병원에 갔어요. 넓고 복잡한 병원과 병실 장면에 지호는 어리둥절했어요. 지호는 머리에 붕대를 감은 아빠의 모습에 놀라 ________________ 로 숨었어요.

(노력: 1, 우수: 2, 최우수: 3)

>> 지호는 아빠를 보고도 반가워하기는커녕 왜 엄마 뒤로 숨었을까요?

>> 엄마는 뒤에 숨은 지호한테 뭐라고 이야기할까요?

(노력: 1, 우수: 2, 최우수: 3)

>> 너무 놀라거나 충격을 받아서 아무 말도 못하고 멍해지는 상태를 표현한 관용어로, 달라진 아빠의 모습을 보고 놀란 지호가 엄마 뒤로 숨은 상황에 어울리는 말은 다음 중 어느 것인가요? ( )

① 손을 놓다 ② 귀가 얇다 ③ 입이 짧다 ④ 어안이 벙벙하다

총점:

정답

설명 가이드

- 객관식: 보기 중에서 명확한 정답이 있는 문제입니다.
- 복수 정답: 상황에 따라 2개 이상이 모두 타당할 수 있는 경우입니다. 아이가 그중 하나를 고르면 정답입니다. 기타를 선택한 경우, 그 이유를 간략히 설명하라고 합니다.
- 주관식: 아이의 개별적인 경험과 생각을 바탕으로 자유롭게 작성하는 문제입니다. 논리적 연결이 있다면 정답으로 봅니다.

탐색하기 1

- 중심 낱말: 그네, 나연, 시우, 인사 등
- 요약문: 나연이가 혼자 그네를 타다가 일어서려는데 시우가 왔어요. 그래서 가지 않고 다시 그네를 탄다는 내용입니다.
- 나연이가 다시 그네를 탄 이유: ①, ②, ③
- 주관식
- 관용어: ②

탐색하기 2

- 중심 낱말: 산, 아빠, 하준이, 꽃, 나무 등
- 요약문: 하준이가 아빠와 함께 산에 갔어요. 산에는 꽃들도 피어 있고 나무도 많

아요. 거기에서 만난 다람쥐와 인사도 했어요.

- 계절 정답: ①, ②
- 주관식
- 속담: ②

탐색하기 3

- 중심 낱말: 주연이, 영재, 선생님, 목소리
- 요약문: 주연이는 학교에서 장래 희망을 발표해요. 그런데 목소리가 너무 작아서 잘 들리지 않았어요. 영재가 안 들린다고 하자 주연이는 부끄러웠어요.
- 선생님이 영재에게 집중하라고 한 이유: ①, ②, ④
- 주관식
- 속담: ③

탐색하기 4

- 중심 낱말: 영우, 할머니, 왕자님, 친구, 웃음 등
- 요약문: 영우가 친구와 싸우고 기분이 나빴어요. 그런데 할머니가 영우의 편을 들어 주자 영우는 기분이 풀렸어요.
- 주관식
- 주관식
- 관용어: ④

탐색하기 5

- 중심 낱말: 지호, 아이스크림, 병원, 진찰, 배탈 등
- 요약문: 지호는 엄마 몰래 아이스크림 두 개를 먹고 배탈이 나서 병원에 갔어요. 엄마가 옆에서 지켜보는데 의사 선생님이 뭘 먹었냐고 물어서 지호는 당황했어요.
- 지호는 어떻게 할까요: ①, ②, ③, ④
- 주관식
- 관용어: ④

탐색하기 6

- 중심 낱말: 지윤이, 엄마, 밴드, 흉내, 아빠 등
- 요약문: 엄마가 아프다고 외치자 아빠가 달려갔어요. 잠시 후, 엄마 손에 붙은 밴드를 보고 지윤이가 엄마 흉내를 내자 엄마와 아빠가 웃었어요.
- 엄마가 손에 밴드를 붙인 이유: ③, ④
- 흉내 경험 여부: ①, ②, ③
- 명언: ②

탐색하기 7

- 중심 낱말: 예준이, 강아지, 엄마, 이모 등
- 요약문: 예준이는 엄마와 함께 이모네 집에 왔어요. 그런데 이모가 안고 있는 강아지가 무서워서 집에 돌아가자고 엄마를 졸랐어요.
- 엄마와 이모의 기분: ③
- 주관식
- 관용어: ③

탐색하기 8

- 중심 낱말: 효린이, 오빠, 울음, 공부, 주차장 놀이 등
- 요약문: 효린이가 오빠와 함께 놀고 싶었어요. 그런데 오빠가 이따 놀아 준다고 하자 울음을 터뜨렸어요. 할 수 없이 오빠는 의자에서 일어났어요.
- 오빠는 이제 어떻게 할 것 같은가요: ③
- 주관식
- 속담: ③

탐색하기 9

- 중심 낱말: 연우, 현지, 강아지, 악수, 강아지 발 등
- 요약문: 연우가 현지 집에 놀러 와 강아지를 만져 보고 싶어 해서 현지는 허락했어요. 그러나 연우가 강아지 발을 세게 흔들자, 현지는 깜짝 놀라서 하지 말라고 소리쳤어요.

- 누군가가 내가 아끼는 것을 함부로 다룰 때 내 기분: ①, ②, ③, ④
- 주관식
- 관용어: ②

탐색하기 10

- 중심 낱말: 선우, 생일, 친구, 식탁, 케이크 등
- 요약문: 오늘은 선우의 생일이에요. 식탁 위에는 맛있는 음식이 많이 있었지만 친구들이 오지 않아서 선우는 속상했어요.
- 친구들이 오지 않은 이유: ①, ②, ③, ④
- 주관식
- 관용어: ①

탐색하기 11

- 중심 낱말: 예빈이, 이모, 민우, 사촌 동생, 고집 등
- 요약문: 이모가 아기 동생 민우를 안고 왔어요. 예빈이도 아기를 안고 싶었지만 이모가 지금은 안 된다고 했어요.
- 이모는 예빈이에게 아기를 안아 보게 해 줬을까요: ①, ②, ③
- 주관식
- 관용어: ②

탐색하기 12

- 중심 낱말: 준우, 준영이, 숙제, 소파, 피 등
- 요약문: 준우가 숙제할 때 동생 준영이가 소파 위에서 뛰다가 넘어졌어요. 외출에서 돌아온 엄마와 아빠는 동생이 다친 일로 준우를 혼냈어요.
- 준우가 동생을 돌보지 않고 공부한 이유: ①, ②, ③, ④
- 주관식
- 관용어: ④

탐색하기 13

- 중심 낱말: 준우, 숙제, 동생, 외출, 아빠 등
- 요약문: 엄마와 아빠가 외출했을 때 준우는 동생과 놀았어요. 외출에서 돌아온 아빠는 숙제를 하지 않고 놀기만 했다고 준우를 혼냈어요.
- 준우가 숙제를 하지 않고 동생과 논 이유: ③, ④
- 주관식
- 속담: ①

탐색하기 14

- 중심 낱말: 화빈이, 놀이터, 학습지, 현관문, 엄마 등
- 요약문: 베란다에서 보니 놀이터에 아이들이 많았어요. 화빈이도 나가서 놀고 싶었어요. 그런데 엄마가 허락을 하지 않았어요. 그래서 몰래 집 밖으로 나갔어요.
- 화빈이에게 일어날 수 있는 일: ①, ②, ③, ④
- 주관식
- 관용어: ②

탐색하기 15

- 중심 낱말: 민지, 동화책, 초인종, 할머니, 문 등
- 요약문: 민지가 혼자 있을 때 초인종이 울렸어요. 하지만 문을 열지 않아서 엄마한테 꾸중을 들었어요. 왜냐하면 할머니가 오셨거든요.
- 엄마가 민지에게 할 말: ①, ②, ④
- 주관식
- 속담: ②

탐색하기 16

- 중심 낱말: 하빈이, 수저, 식탁, 주방, 엄마 등
- 요약문: 하빈이는 엄마를 돕고 싶었어요. 그래서 식탁에 수저를 놓다가 수저통을 바닥에 떨어뜨렸어요. 하빈와 엄마는 깜짝 놀랐어요.
- 앞으로 엄마는 하빈이의 도움을 허락할까요: ①, ②, ③

- 주관식
- 관용어: ④

● 탐색하기 17

- 중심 낱말: 지호, 가족 사진, 아빠, 엄마, 시간 등
- 요약문: 사진관에 가려고 지호와 아빠가 엄마를 기다리고 있었어요. 아빠가 엄마에게 빨리 나오라고 했지만 엄마가 나오지 않아 아빠가 큰소리를 냈어요.
- 지호네 가족은 사진관에 갈 수 있을까요: ①, ②, ③, ④
- 주관식
- 관용어: ②

● 탐색하기 18

- 중심 낱말: 지아, 엄마, 아빠, 공원, 공부 등
- 요약문: 지아는 엄마, 아빠와 함께 공원에 갔어요. 엄마가 자꾸 지아에게 수학 공부를 시키려고 하자 아빠가 그만하라고 했어요.
- 아빠가 엄마에게 그만하라고 한 이유: ①, ②, ③, ④
- 주관식
- 관용어: ④

● 탐색하기 19

- 중심 낱말: 현아, 휴지, 텔레비전, 엄마 등
- 요약문: 엄마는 현아에게 휴지를 달라고 했어요. 하지만 현아는 텔레비전을 보느라 엄마 말을 듣지 않았어요. 그래서 엄마가 텔레비전을 꺼 버렸어요.
- 엄마는 이제 어떻게 할까요: ①, ②, ③, ④
- 주관식
- 관용어: ②

● 탐색하기 20

- 중심 낱말: 소윤이, 발표, 심호흡, 박수, 친구들 등

» 요약문: 소윤이는 발표를 할 차례가 되자 아주 많이 떨렸어요. 하지만 발표를 아주 잘해서 박수를 받았답니다.

» 발표 후 기분: ①, ②, ③, ④

» 주관식

» 속담: ③

● 탐색하기 21

» 중심 낱말: 아빠, 운전, 욕, 할머니 댁, 엄마 등

» 요약문: 운전을 하시던 아빠가 고함을 지르며 욕을 했어요. 엄마가 그만하라고 하자 아빠는 멈췄어요.

» 아빠가 욕을 한 이유: ②, ③, ④

» 주관식

» 속담: ④

● 탐색하기 22

» 중심 낱말: 세영이, 떡, 고집, 사촌 언니, 놀이터 등

» 요약문: 엄마가 떡을 먹고 나가라고 했지만 세영이는 싫다고 떼를 썼어요. 결국 사촌 언니는 집으로 돌아갔어요.

» 세영이가 고집을 부려서 생긴 일: ④

» 주관식

» 관용어: ④

● 탐색하기 23

» 중심 낱말: 지호, 수호, 물, 엄마, 목욕 등

» 요약문: 지호가 수호에게 물을 뿌렸어요. 엄마가 지호를 혼내자 지호는 기분이 나빠서 수호를 쥐어박았어요.

» 지호가 엄마에게 혼난 이유: ①, ②, ③, ④

» 주관식

» 관용어: ①

탐색하기 24

- 중심 낱말: 예나, 성재, 연필, 시험 시간, 선생님 등
- 요약문: 시험 시간에 예나의 연필을 주운 성재가 예나에게 연필을 돌려주려고 했어요. 그런데 선생님께서 그 모습을 보시고 성재가 부정행위를 하는 것으로 오해를 하셨어요.
- 선생님이 오해한 이유: ③
- 주관식
- 속담: ②

탐색하기 25

- 중심 낱말: 민기, 준우, 자전거, 공원, 친구, 화 등
- 요약문: 준우가 자전거를 타다가 넘어진 민기를 봤어요. 준우는 도와주려고 갔는데 민기가 화를 냈어요.
- 민기가 화를 냈을 때 준우의 기분: 속상하고 당황했을 수 있음 등 아이가 자유롭게 표현하되 감정과 상황이 연결되도록 합니다.
- 주관식
- 관용어: ③

탐색하기 26

- 중심 낱말: 민기, 자전거, 할머니, 준우, 고함 등
- 요약문: 민기는 할머니를 졸라 낡은 자전거를 얻었어요. 신나게 타다가 넘어지자 화가 났어요. 준우가 다가와 걱정하며 물었지만, 민기는 더 화가 나서 소리치고 말았어요.
- 주관식
- 주관식
- 관용어: ④

탐색하기 27

- 중심 낱말: 선우, 장난감, 마트, 엄마, 울음 등

- 요약문: 선우는 엄마와 마트에 갔어요. 거기에서 장난감 자동차를 꺼내다가 장난감 몇 개를 바닥에 떨어뜨렸어요. 울고 있는 선우를 보고 엄마는 직원 아주머니께 화를 냈어요.
- 주관식
- 주관식
- 속담: ①

탐색하기 28

- 중심 낱말: 민지, 친구, 수빈이, 학교, 이모 등
- 요약문: 이모가 학교에서 누구와 친한지 물었는데 민지는 친한 친구가 없다고 대답했어요. 옆집에 사는 수빈이랑도 친하지 않아요. 민지는 친구가 필요해요.
- 이모가 민지가 심심하겠다고 생각한 이유: ③, ④
- 주관식
- 속담: ④

탐색하기 29

- 중심 낱말: 지윤이, 인형, 상훈이, 효진이 등
- 요약문: 지윤이가 소리 나는 인형을 보여 주자 상훈이와 효진이가 서로 먼저 보겠다며 인형을 잡고 놓지 않았어요.
- 앞으로 일어날 수 있는 일: ①, ②, ③, ④
- 주관식
- 관용어: ③

탐색하기 30

- 중심 낱말: 선우, 차례, 다빈이, 말 덧붙이기 놀이, 볼멘 목소리 등
- 요약문: 말 덧붙이기 놀이를 하는데 선우가 규칙을 지키지 않아 다빈이가 화가 났어요. 놀이에서는 놀이 방법을 정확히 알고 또 규칙을 지키는 것이 중요합니다.
- 다빈이가 볼멘 목소리로 말한 이유: ②
- 규칙을 지키지 못한 경험: ①, ②, ③

- 속담: ③

● 탐색하기 31

- 중심 낱말: 민재, 심부름, 마트, 우유, 돈 등
- 요약문: 엄마가 민재에게 마트에서 우유를 사 오라고 심부름을 보냈어요. 민재는 기분이 좋았어요. 하지만 민재는 빈 손으로 돌아왔어요. 엄마가 준 돈을 신발장 위에 두고 갔던 거예요.
- 민재가 처음에는 크게 대답했다가 나중에는 작게 말한 이유: ①, ②, ③, ④
- 주관식
- 속담: ④

● 탐색하기 32

- 중심 낱말: 선우, 채영이, 수학 시간, 흉내, 선생님 등
- 요약문: 수학 시간에 선생님께서 빼기 문제를 내셨어요. 선우가 머뭇거리자 채영이가 선우 흉내를 내며 선우를 놀렸어요. 선생님이 채영이에게 정답을 말해 보라고 하자 채영이는 대답하지 못했어요.
- 앞으로 채영이가 어떻게 행동할까요: ①
- 주관식
- 관용어: ③

● 탐색하기 33

- 중심 낱말: 진호, 그네, 엄마, 양보, 시계 등
- 요약문: 놀이터에서 진호가 그네를 타는데 엄마가 집에 가자고 해요. 하지만 진호는 그네를 잠깐 탔기 때문에 더 타고 싶었어요. 그래서 엄마에게 싫다고 말했어요.
- 주관식
- 주관식
- 속담: ④

● 탐색하기 34

- 중심 낱말: 예슬이, 예준이, 놀이기구, 아빠, 신밧드의 모험 등
- 요약문: 아빠와 놀이공원에 간 예슬이와 예준이는 신밧드의 모험을 타러 갔는데 줄이 너무 길었어요. 예슬이와 예준이가 서로 의견이 달라서 다투기 시작하자 아빠는 집으로 돌아가자고 말했어요.
- 주관식
- 주관식
- 속담: ③

● 탐색하기 35

- 중심 낱말: 지호, 지하철, 병원, 아빠, 붕대, 놀람 등
- 요약문: 지호는 엄마와 지하철을 타고 병원에 갔어요. 넓고 복잡한 병원과 병실 장면에 지호는 어리둥절했어요. 지호는 머리에 붕대를 감은 아빠의 모습에 놀라 엄마 뒤로 숨었어요.
- 주관식
- 주관식
- 관용어: ④

MEMO

MEMO

MEMO

MEMO

MEMO

MEMO

MEMO

MEMO

MEMO

MEMO

MEMO

저자 소개

심현미(Shim hyun mi)

세종대학교 일반대학원 특수교육학과 석사

동국대학교 일반대학원 특수교육과 박사 수료

보건복지부 2급 언어재활사

특수학교 2급 정교사

한국자격평가진흥원 1급 심리상담사

한국어교사 2급 정교사

보건복지부 임상심리사

현 제나 아동 · 청소년 상담센터 원장

〈주요 논문〉

「학령기 경계선 지적 기능을 가진 자녀의 문제행동에 대한 부모 인식과 지원 요구」(2024)

「자폐성 장애 자녀를 둔 아버지에 관한 국내 · 외 연구동향 분석」(2025)

문해력이 자라면 사회성도 자란다: 3권 탐색하기

–읽는 힘, 소통하는 힘–

As Literacy Grows, So Do Social Skills

2025년 10월 20일 1판 1쇄 인쇄
2025년 10월 30일 1판 1쇄 발행

지은이 • 심현미
펴낸이 • 김진환
펴낸곳 • ㈜학지사
04031 서울특별시 마포구 양화로 15길 20 마인드월드빌딩
대표전화 • 02-330-5114 팩스 • 02-324-2345
등록번호 • 제313-2006-000265호

홈페이지 • http://www.hakjisa.co.kr
인스타그램 • https://www.instagram.com/hakjisabook/

ISBN 978-89-997-3557-8 94370
978-89-997-3554-7 94370 (set)

정가 18,000원
(set 72,000원)